U0923947

启真馆 出品

人文主义

启真 1

主 编 王志毅

吕大年：

人文主义者论教育

易社强：

西南联大的学风

吴兴文：

“黄跋”的魅力

ZHEJIANG UNIVERSITY PRESS
浙江大学出版社

图书在版编目（CIP）数据

启真．1／王志毅主编．— 杭州：浙江大学出版社，2012.4

ISBN 978-7-308-09881-6

Ⅰ．①启… Ⅱ．①王… Ⅲ．①思想史－对比研究－中国、西方国家 ②文化史－对比研究－中国、西方国家 Ⅳ．①B2 ②K203

中国版本图书馆 CIP 数据核字（2012）第 067789 号

启真 1
王志毅　主编

责任编辑　叶　敏
装帧设计　蔡立国
出版发行　浙江大学出版社
（杭州天目山路 148 号　邮政编码 310007）
（网址：http:// www.zjupress.com）
制　　作　北京百川东汇文化传播有限公司
印　　刷　北京中科印刷有限公司
开　　本　635mm × 965mm　1/16
印　　张　11.75
字　　数　130千
版 印 次　2012年6月第1版　2012年6月第1次印刷
书　　号　ISBN 978-7-308-09881-6
定　　价　26.00元

目录

专题

人文主义者论教育　吕大年　3

书评

人口与社会
——读马尔萨斯《人口原理》　孙飞宇　69
文字与心史
——解读乡绅刘大鹏及其《退想斋日记》　杨清媚　81
理解休谟经济思想的三个维度　张正萍　104

序与跋

心灵中的社会存在
——涂尔干《哲学讲稿》中译者序　杜月　121

书摘

西南联大的学风　易社强　*139*

品书

法藏的譬喻：因袭故典还是自出机杼？　艾俊川　*163*

“黄跋”的魅力　吴兴文　*174*

书荐

欲望之书　曾园　*181*

专　题

人文主义者论教育*

吕大年

《人文主义者论教育》，2002 年哈佛大学出版，收入 15 世纪意大利人文主义者的文章四篇，拉丁文和英译相对照。[1] 本文是阅读其中三篇的笔记，涉及作者的立意主张、行文语气，以及议论中某些话头的古典来源，试从这些方面认识早期人文主义者倡导的文化风气。凡从三篇文章中有所摘录，尽依拉丁文译出，有些段落附录原文，以便读者核实、纠谬。

三篇文章分别是：(一)《青少年的高尚气质和所应致力的高尚学问》(*De ingenuis moribus et liberalibus adulescentiae studiis liber*)，写于 1402—1403 年，以下简称"文一"。作者韦尔杰里奥（Pier Paolo Vergerio, 1370—1444）曾在帕多瓦、佛罗伦萨等地教授修辞和法律，还曾任教皇和神圣罗马帝国皇帝的秘书。(二)《男童教育》(*De liberorum educatione*)，写于 1450 年，以下简称"文二"。作者比科洛米尼（Aeneas Sylvius Piccolomini, 1405—1464）

---

* 文中所引 Guarino 家信，作者曾以译文就教于王焕生先生和刘淳先生，特此致谢。

就是日后的教皇庇护二世（Pius II，1458—1464），年轻时即以才学见称南欧。（三）《教程》（*De ordine docendi et studendi*），写于1459年，以下简称“文三”。作者瓜里诺（Battista Guarino, 1434—1503）是著名的人文学教师老瓜里诺（Guarino da Verona, 1374—1460）的儿子，本人也是修辞学教授。

一

三篇都是劝学的长文，写给门第显赫的青少年，进言与受言双方地位的差别可见于行文语气。譬如“文一”是写给乌贝尔提诺（Ubertino da Cararra，1390—1407），帕多瓦的统治家族的权力继承人，第4段里说：

> 我写这本小书献给您，陈述青少年所应有的高尚品性和所应致力的高尚学问，也就是贵族子弟的品行和修习，列举高尚的青年何事应该追求，何事应该避免。然而，虽然是写给您，却不是奉劝您，而是借您的名义告诫您的同辈。您可以看出，我为他人所做的规划，正是您自己的作为。（pp. 6—8）

同文的结尾一段里又说：

> 这篇文字的宗旨，我开端即有明言，并不是提醒您应该做什么，而是把您自己的样子指点给您看。您只要顺应自然，就会是德望极高的人，无须引导。除非您自弃，您的天

赋已经明白无误地为您的成就作了保证。文中若有赞美之词，希望您能够接受，把它们当做获取更好的业绩的鼓励期许，而不是对您已有的业绩的夸奖。（p. 90）

“文三”是写给布雷西亚的贵族马菲尤·甘巴拉（Maffeo Gambara），开头的语气跟“文一”相仿：

> 由于见识和气质生来优越，您早已洞悉人之高贵在于品行，而不在于财富和家世，尽管命运于此二者对您十分慷慨。然而我听说，您近来有感于尤维纳利斯对富贵浮夸的精辟讽刺，决意修习人文学，热情有增无已。我想，作为称职的教师，我应该为您陈说学习的次第和方法，助您顺利地学有所成；而您也会因此更加倾心向学，有如快马加鞭。这本小书谨献给您。它为希腊文、拉丁文的教师和受教的青年讲述各自的责任和所应遵循的程序。如果内容不尽与您有关，您不妨这样想：这篇论教论学的文字，与其说是为您而作，不如说是借您的名义写给其他的人看。愿您随自己的需要有所留意。（p. 260）

以上几段措辞甘甜熟软，但并不一定就是简单的场面敷衍。说受言的人有志于人文学，等于把他引为作者的同道。文化趣味的推广，往往得力于上行下效。有地位尊显的人作为同道，是一种有力的号召。[2] 又说文中指陈的道理不仅专对一人而言，其实就是宣传招揽，期待有人传抄、出版。这些话在字面上是对受言人说的，而实际的意图在于示众，在于形成风气。

“文二”是写给拉迪思劳斯（Ladislaus Postumus，1440—1457），哈布斯堡王朝的幼主，身兼奥地利、匈牙利、波西米亚三国的王位。文中少见谀辞，但是对受言者有深切的责望，开首即言：

> 如果有谁应当全心致力于美德美行，有识之人都会说，那就是您，拉迪思劳斯陛下。您以少年接受教诲，成年之后即须治理疆域广大而力量雄厚的几个王国。您只有靠端谨智慧，才能长久地驾驭它们，德则治，不德则乱。（p. 126）

接下来一段里说：

> 学问最有助于进德，教育最适于王者。一位谙于此理的罗马皇帝曾与法兰克国王有盟友之谊，他致信力劝国王让子弟识字读书。他说，国王没有文化，也就是一匹顶着王冠的驴子。（p. 128）

虽然是训诫督促，但跟“文一”、“文三”的恭敬容悦不过是一逆、一正的两种说法，目的都在抬高人文学的身价，以广声气。三篇文章的受言人，“文三”的年龄未详，“文一”的十二岁，“文二”的才只有九岁。如此年轻，又身为显贵，能否耐心领会文中所讲的道理，又能够领会几成，作者心里应该有数。布克哈特曾经论及“文二”，说作者“可能已经想到，向这样的年青人进言有如跟空气交谈，因而设法出版自己的文章，以便广为传播。”[3]“文一”作于欧洲印刷术发明之前，另外两篇作于其后。现代的学者统计，“文二”、“文三”在 15、16 世纪多次印刷出版；“文一”现在存世的手抄本有三百多份，印刷版本四十种。[4]三位作者的意图和期待，可以说是有了着落。

二

三篇文章里常常标榜一个概念，原文或作 studia humanitatis，或作 studia liberalia。前者译为“人文学”，不难理解。后者英语译作 liberal studies，是逐字移植，也不难理解，但是汉语译为“高尚的学问”，如果比照英文 liberal occupations 的流行汉译“自由职业”，则可能引起疑问，须要略加解说。此处涉及的拉丁文 liberalia 是形容词 liberalis 的中性复数，词义可以释作“自由”，然而用来形容学问和修养，却并不是说它们使人凡事从己所欲，而是说它们有别于市面上诸业百工的技能，并非赚钱的本事，与之相称相配的人不受奴役，也不受生计、行业的支配和羁绊。[5]“文一”恰有一段相关文字，可为佐证：

> 这些学问之所以名为高尚，在于它们跟高贵的人相称相配。这些学问是我们的德行德器、智行智器的根据，凭借这些学问，我们修身修心，使其尽善尽美。这些学问是声名和荣誉的由来，而声名和荣誉对智者而言，是仅次于美德的最高奖赏。低贱的心智追求财富，追求享乐，高尚的心智追求荣誉。(Liberalia igitur studia vocamus, quae sunt homine libero digna: ea sunt quibus virtus ac sapientia aut exercetur aut quaeritur quibusque corpus aut animus ad optima quaeque

disponitur, unde honor et gloria hominibus quaeri solet, quae sunt sapienti prima post virtutem proposita praemia. Nam ut illiberalibus ingeniis lucrum et voluptas pro fine statuitur, ita ingenuis virtus et gloria. [p. 29])

首句里的 liberalia 和末句里的 ingenuis（高尚不俗）显属同义，和末句里的 illiberalibus（低下卑琐）显属反义。可见 studia liberalia 指高尚或高贵的学问修养。注释指出“文一”的这种说法有所祖尚。查塞内加《书信集》LXXXVIII，i，有如下文字：

你想知道我对高尚学问作何感想。我以为任何用以致富的学问都不在高尚之列。学问的用处如果仅止于教人就业，而非教人反复思考，那就是一些赚钱的技能。如果无所用心于高远，则不妨在这些技能上耽搁；它们是初阶，而非正业。由之可见，诸门高尚学问之所以称为“高尚”，在于它们跟高尚的人相宜相配。然而，真正高尚的学问只有一门，那就是使人变得高尚的学问。这就是哲学，使人崇高、坚强、胸怀宏大的学问。所有其他的学问都是琐屑而幼稚。(De liberalibus studiis quid sentiam, scire desideras: nullum suspicio, nullum in bonis numero, quod ad aes exit. Meritoria artificia sunt, hactenus utilia, si praeparent ingenium, non detinent. Tamdiu enim istis immorandum est, quamdiu nihil animus agere maius potest; rudimenta sunt nostra, non opera. Quare liberalia studia dicta sint, vides; quia homine libero digna sunt. Ceterum unum studium vere liberale est, quod liberum facit. Hoc est sapientiae, sublime, forte, magnanimum. Cetera pusilla et puerilia sunt.)[6]

塞内加的文字并未涉及声名、荣誉，但是足以说明人文主义者以studia liberalia 为高尚不俗，是承接古人的说法。

人文主义者如此高自标置，后人或者以为他们周围的民众蒙昧不文。其实不然。布克哈特论述文艺复兴的名著写于 19 世纪中叶，第三章里说：

> 一些现代作家引以为憾的是：人文主义者淹没窒息了一种更加独立的、而且是根植于本土的文化，1300 年前后的佛罗伦萨可以作为这种文化的例证。我们得知，当时的佛罗伦萨没有文盲；驴夫也会吟唱但丁的诗句；现存的最好的意大利文的手稿，当初的主人是佛罗伦萨的工匠；在那个时候就有流行的百科全书，比如 Brunetto Latini 的 *Tesoro*。这种文化的基础，在于人人参与公共事务所造成的健全而强悍的民心和民性，在于对外的通商贸易和游历往来，在于奖勤罚懒的习俗法规。有人说，那时的佛罗伦萨人在全世界最有影响，最受尊重。教皇卜尼法斯八世说他们像以太一样神奇。1400 年之后，人文主义迅速发展，抑制了本土文化的冲动。此后凡有问题，大家都只向古代去求解答，文学由创作变成了引用抄录。不仅如此，人文主义在一定程度上还导致了民权的沦丧，因为这种新的学问讲究服从古典权威，以古罗马法权衡裁定当时当地的是非。人文主义拥奉独裁政治，也获得独裁政治的支持。[7]

文艺复兴的研究在19世纪尚属草创，后代的学者又搜集了许多具体的证据，说明意大利北部和中部的居民当时的文化程度。牛津大学近年出版《意大利简史》，以下几条转引自其中的《文艺复兴》卷：一是15世纪印刷术诞生之后，早期的印品多是拉丁文；1470年至1500年之间，西欧各个地区开始生产本地语言的印品，其中意大利文的数量最多。二是1427年，佛罗伦萨开始施行新税法Catasto，涵盖人口之广，调查之细，都远过于之前的税收。按照规定，缴税各家的申报书须是户主的亲笔，不识字的可以请人代写，后者在现存记录中只占20%。同一番记录并且包括佛罗伦萨的属地，城乡兼及。属地中城镇的籍册有众多不同的笔迹，乡村的籍册，则笔迹种类有限，显然是代写为多。由此可以推知，人文主义者所处的环境是读写能力十分普及的城市文化。但是，一般人读写的语言是意大利文和通俗浅显的拉丁文，读写的内容是和商业、手工业紧密相关的生意业务和日常生活。还有证据说明，自14世纪初，意大利文的用处日渐广泛：譬如佛罗伦萨是南欧商业枢纽，当地的簿记账单越来越多地使用意大利文。公证照例必用拉丁文，由于商业合同越来越多地用意大利文，公证人已经很少经手，而主要处理财产转移、婚约、遗嘱。[8]

这样的大众文化，人文主义者不愿同流与共。“文一”和“文三”中就有明显的轻视以学问盈利，排斥商业文化的文字：

> 有些人以手艺赚钱，以买卖养家，更有一些人，出身高贵而又曾经修习学问，却以所学获取不高尚的收入，使之与其他的技能无所区别。这样的事情为心智高贵的人所不齿。(p. 16)
>
> 事实上，许多人天赋高尚心智，而且为学力循正途。但

是，有的受到干涉，被强行召回，有的遇到阻碍，中道而辍，或者另择他业。许多人家境窘迫，使得生来高尚、应该受到更好教育的心智奴役于谋利的营生。其实，生性高尚的人往往能够克服艰难困苦，学有所成，而宽裕富厚耽误才华，往往有甚于极度的贫穷，因而常有这样的惋惜之言："假如不是生在这样的丰饶之家，他会成为一个了不起的人。"另有一些人受阻于父母之命，或者受阻于从小习惯的环境。幼年所习往往终生难改。父母既有生养之恩，子女往往任其摆布。但是，人们更多的是因循自己城市里的习俗，好像大家认可、大家都做的，就是最好的事情。因此学业的选择极为困难：不是不由自主，就是惑于恶俗和庸人之见而拿错了主意。（pp. 32—34）

医学是美妙的知识，而且有利于健康。但是行医不是高尚之人所为。法律知识于公于私都有用处，在各地都受到尊重，它的源头其实就是道德哲学，如同医学的源头是自然哲学。为学生讲解法律，或者为有争执的人提供咨询，都是高尚的事情，但是替人打官司，出卖法律知识，换取财货或者妥协，则极不体面。（p. 55）

学生应该长记希腊贤哲苏格拉底的教谕：人只要愿意学，就会多学。如果他们领悟为学的道理，就不难奋发自励，譬如像苏格拉底所说，看到青年人为了增进智慧而奔走求师，又看到商人为了扩充财富而远涉重洋，而以后者为羞耻；又譬如想到人所能有的种种，其荣耀、耐久，无过于知识学问：漂亮的容貌和健壮的体格，即便没有疾病的侵蚀，也会被年龄摧毁，而钱财使人懒惰无为，甚于使人向德向

> 善。因为，身处贫穷想要出头，固然困难；但是身处富裕而毁于舒适，也非常容易。（p. 262）

三篇文章的言论各有因人、因事而设的地方。比如“文一”有一节专讲军事训练，这是因为受言人的先辈累代以武功著称(pp. 72—82)；“文二”的作者身属神职，因而重视政教关系，提倡礼敬教会（pp. 166—168)；“文三”的作者以文教传家，所以屡屡称颂乃父，标榜他创制的语文教材和教法（p. 272)。但是，三位作者的教育思想有一致之处。一致在于两点：一是不教谋生之术，而志在养成一种为人处世的趣味格调、气质风度，见诸古典语文的读写，也见诸日常的举止行为；二是所取法的仪型典范大都来自古人。

三

调教日常举止的例子可见于“文二”讲说步履坐态、眉眼嘴脸、衣着扮相：

> 身姿举动务要留心，使之与您高贵的相貌相符；端正嘴脸，不要撇唇吐舌。不要学人酒后失态，也不要模仿奴仆，谄媚迎逢。既不要仰面朝天，也不要两眼低垂，死盯住地面，也不要左右地晃动脖子。摆放双手的姿势不要像一个农夫。站相不可不端庄，坐相不可惹人笑。眨眼不可太过频繁。两臂要伸直。迈步落脚不要傻呵呵的。无论何时何地，

都不应失礼失态。亚历山大的父亲菲利普于此可谓有知。有一次，出售大群的战俘，他坐在一旁，觉得上衣累赘，就随便地撩起，极不雅观。一个战俘从人群里大声说："菲利普，放掉我吧，我父亲跟您有交情。"菲利普问他交情从何谈起。这个人靠近前来，压低声音对菲利普说："请把上衣向下拉一点儿，您这样坐着，不像样子。"菲利普随即下令："释放这个人。他原先是我的朋友，善意待我。我一时没有认出来。"可见一举一动，都要注意雅观。（pp. 138—140）

您或许想知道我对衣着打扮的看法。简略地说说我以为应当注意的事情。戴奥真尼斯说，过分的穿戴梳理，属于轻浮无聊之类。专注于容貌的男人，或者是有亏阳刚之气，或者是对良家妇女图谋不轨。衣着打扮，不可过分在意，用在容貌上的心思，要以有利于心灵的健康为准。身为王者，因为过分注意容貌而有妇人之气，是羞耻。但是衣着容貌务必处处讲究整洁，这种讲究，并不是追求矫揉造作的恶俗，而是避免乡下人的野蛮邋遢。狄摩西尼和霍登西乌过分讲究容貌，对衣着穿戴吹毛求疵，以此被人诟病。然而，作为王室的男子，无论成年少年，都应该保持尊严，既要避免挥霍的恶名，又不能给人小气吝啬的印象，这种印象与王者极不相称。（p. 154）

类似的绳检尺度现代社会也都有讲究，但是今天引以为据的道理通常是清洁卫生、自重自爱、兼为他人着想，不会屡屡以古人为言。伊拉斯谟的《男童礼貌守则》（*De civilitate morum puerilium*）写于 1530 年。以下从中摘译三条，比较“文二”，可以看到人文主义流风北渐，传述的风格和早期已经略有差别：

坐着的时候两膝分张，站着的时候，把一条腿斜戳在另一条腿的前边，或者两脚平放，分开很远，一看就是沾沾自喜，旁若无人。坐着，应该把两膝收拢，站着，应该把两腿收拢，或者略微分开。有人坐着喜欢跷二郎腿，有人站着喜欢双腿交叉有如剪刀，前一种姿态显得紧张不安，后一显得呆傻弱智。早年间，国王常常把右脚搭在左边的大腿上坐着，这种坐态已经过时了。在意大利，有些人在致敬的时候一只脚踩着另一只脚，单腿支撑全身的重量，像是一只鹤。这种姿势是否宜于儿童，我不知道。鞠躬的方式，也是每个民族各有不同。有的同时弯曲双膝，屈膝的时候上身或者挺直，或者略略下垂。有人觉得这种姿势有失男子体面，就挺直上身，先曲右膝，再曲左膝。英国的年轻人喜欢用这个姿势。法国人则是曲右膝，上身略略一垂。鞠躬，只要无伤雅观，尽可以取本民族流行的姿势，愿意仿效外国的姿势也无不可。走路，既不宜脚步细碎像个女人，也不宜直前猛冲像是发怒。一脚深一脚浅地踉跄，昆体良已经批评过这种步态。慢悠悠地迈方步，是瑞士大兵或者故意显摆头盔上的羽毛的人的走法。可是我们看到主教们走路也是这个样子，洋洋得意。坐着的时候两脚在地上蹭来蹭去，跟用双手胡乱比划一样，是智力不健全的表现。

双眉应该舒展，不要紧锁在一起，作出凶猛的样子。高挑眉毛，显得傲慢。把眉毛紧压在眼睛上，像是心怀阴谋。

额头也应该舒展开朗，那是胸襟广阔，心地坦白的象征。不能让额头布满皱纹，那是老相。面布犹疑，神态像刺猬；面布愤怒，神态像公牛。

鼻孔里不可存积鼻牛，令人厌恶，哲学家苏格拉底即因此受人诟病。摘下帽子或者撩起衣服擦鼻子，是极为粗鲁的举动。抬手把鼻涕擦在袖子或者小臂上，是鱼贩子的做法；直接擦在手上，然后又往衣服上抹，也好不了多少。体面的做法是用手帕擦鼻子。如果有体面人士在场，最好稍稍转过脸再擦。用两个手指清理鼻孔，抠出来的东西若是掉在地上，应该马上踩到土里去。不断地从鼻孔喷气很不雅观，那是生气的样子，养成这样的习惯就更不好了。有些人生来气粗或者患有哮喘，不在此列……忍不住要打喷嚏，而又有他人在场，礼貌的做法是转过身去。过后应该在胸前自划十字，再举帽感谢刚才为你祈福的人，——只当他们刚才为你祈福，因为喷嚏跟哈欠一样，会使人产生幻听。[9]

以古人为例规范日常行为的文字还见于讲酒德，"文一"：

未成年者慎防近酒，贪杯既有损身体，又扰乱心智。斯巴达人在宴集的时候，把醉酒的奴隶示众，这个办法，我以为不无可取。他们的用意，并不是以醉汉的痴言和丑行为乐——取笑旁人的错误和缺陷有失人道，而是要用实例告诉青少年，过饮之后的样子不堪入目。（p. 22）

“文二”：

且听圣哲柏拉图如何看待饮酒。他反对滥饮，明智地主张“借饮酒获得体面而有节制的舒缓松弛，恢复心力，以便再度清醒庄肃地临事”。他也不赞成完全避免饮酒，原因在于：“除非身心曾经亲临犯错误的危险，经受过欲望诱惑的考验，没人能够始终自律、凡事有度。对宴饮给人的种种放纵和满足，如果一无所知，毫无体验，一旦置身其中（不论是自愿尝试，还是欲望驱使，不论是偶然遭遇，还是出于必须），很快就会被软化，沦为俘虏，理智和情绪都不能坚定自持。”（p. 150）

“文一”又讲到节制饮食、睡眠：

在生活的其他方面，青年也须加管束，不得沉湎。饮食、睡眠过量，其实都是习惯使然。我并不否认，身体的习惯因人而异。但是人之于供养，如就必要而论，所需无几，如就欲望而论，却永远没有餍足。（Continendi sunt etiam ne in aliis quae sunt circa vitam immoderatiores fiant. Nam superfluus cibus ac potus et somni abundantiores ex consuetudine magis sunt, non quo variis habitudinibus corporum plus minusve deberi ex his rebus negem, sed quod in omnibus hominibus natura paucis adiumentis contenta sit, si necessitatem spectemus; si voluptatem, nihil illi possit videri satis. [p. 22]）

根据注释，查塞内加《劝慰希尔维亚》（*De consolatione ad Helviam*），

x，2，有以下两句："身体的需要，其实是极少的，足以御寒，足以充饥、解渴就行。一旦所求超出此限，驱使我们的就不再是需要，而是邪恶。"（Corporis exigua desideria sunt. Frigus summoveri vult, alimentis famen ac sitim extinguere; quidquid extra concupiscitur, vitiis, non usibus laboratur.）同文，x，11 又说："人的自然需要很少，人的欲望却没有止境。"（Cupiditati nihi satis est, naturae satis est etiam parum.）。[10]

"文一"教青年尊奉长者，引古罗马的风习为证：

> 在这一方面，古罗马的青年受传统的熏陶尤为明显。元老院议事的日子，他们陪元老到会场（他们对元老的称呼是 pater，跟"父亲"是同一个字），然后就在门外守候，散会之后，再把元老送回家。这是对长者的耐心与敬意的基础。（In quo erat Romana iuventus vetusto more praeclare instituta, qui senatores, quos 'patres' appellabant, qua die haberetur senatus, deducebant in curiam ibique assidui prae foribus aderant, dimissoque senatu reducebant frequentes domum, quae nimirum erant rudimenta constantiae patientiaeque in provectiori aetate praestandae. p. 24）

注释指出这则事例来自瓦莱里乌斯《名人言行录》，II，i，9。查《洛布丛书》本，得以下文字：

> 年轻的人对老年人敬爱照顾，周到有加，好像他们都是

自己的父亲。当逢元老院议事的日子，年轻人若有亲人或者父执与会，必定护送他们到场，无一例外。之后便在门外守候，片刻不离，直到散会送老人回家。他们自觉地坚守岗位，其实是苦练身心，使之能为国家效力；他们默然无语地执劳，其实是充当自身的教练，演习将成大器的品德。(Senectuti iuventa ita cumulatum et circumspectum honorem reddebat tamquam maiores natu adulescentium communes patres essent. quocirca iuvenes senatus die utique aliquem ex patribus conscriptis aut propinquum aut paternum amicum ad curiam deducebant, adfixique valvis expectabant donec reducendi etiam officio fungerentur. qua quidem voluntaria statione et corpora et animos ad publica officia impigre sustinenda roborabant, brevique processurarum in lucem virtutum suarum verecunda laboris meditatione ipsi doctores erant.) [11]

"文一"中赞美罗马名将西庇阿少年成名，注称也是根据瓦莱里乌斯。"文一"的文字是：

西庇阿，也就是首先因功获称"阿弗利加"的大西庇阿，未及成年就跟随父亲抗击迦太基人。当汉尼拔在提契诺河谷大败罗马军队的时候，他把身负重伤的执政官和统帅，也就是自己的父亲，从重围中救护脱险。那是一场恶战，老兵都难望生还，然而少年西庇阿却救出了一个罗马公民，——身为执政官和统帅的父亲，忠孝而兼勇毅，有功于国，有功于家，因而获致美名。(Scipio, qui postea primus Africanus est appellatus, vixdum pubes sub patre pro patria adversus Poenos militans, cum Hannibal Romanos ad Ticinum fudisset, patrem ipsum, consulem bellique ducem, affectum gravi vulnere et ab hostibus circumventum, periculo exemit; sicque ex qua pugna vix veteranis fugere contigit, Scipio id aetatis consulem ducem civem et patrem non minus pie quam fortiter faciendo servavit cumulatamque et publico et privato merito laudem retulit. [p. 72])

《名人言行录》，V，iv，2：

如此的忠孝之情，使大西庇阿壮怀激烈，未及成年，却以成年人的刚劲勇猛在战争中帮助了父亲。他的父亲作为执政，在提契诺河谷与汉尼拔作战失利，身负重伤，由西庇阿突破重围而获救。年纪轻轻，初经战事，以及足使老兵丧胆的溃败，这一切都未能阻挡他以救护父亲和统帅的双重功绩而获得荣誉。(Eadem Pietas viribus suis inflammatum Africanum superiorem, vixdum annos pubertatis ingressum, ad opem partri in acie ferendam virili robore armavit: consulem enim eum, apud Ticinum flumen adversis auspiciis cum Hannibale pugnantem, graviter saucium intercessu suo servavit, neque illum aut aetatis infirmitas aut militiae tirocinium aut infelicis proelii etiam veterano bellatori pertimescendus exitus interpellare valuit, quo minus duplici gloria conspicuus coronam imperatore simul et patre ex ipsa morte rapto mereretur.) [12]

四

上文所举的例子大都涉及行为规范，称述古人的事迹、言论，有的说明出自谁何，有的则不说，须要根据注释查证。此下笔记涉及的古人思想、文字，大都是作者借用、移植而并不声明所本，依照注释查证更频。因此对三篇文章的注释略作说明。

这三篇文章在欧洲各国久经流传，版本众多，历代学者的注释也丰富。这次集在一起印行，编者凯伦道夫作了两套尾注。一套是校勘注，指明所据各个版本文字上的差异，择善而从。另一套是出处注，采辑、增益前辈学者的注释，指明各篇文章涉及的古人思想、事迹、文字的来源。因为注码见于英译，名为“译注”(Notes to the Translation)，实际上是以缩写标示相关典籍的名称、卷数、章节，供读者据以查核，和翻译并无关系。这套注对我有绝大的帮助。人文主义者推崇和模仿古典，是遍及书本、课堂的常识。但是像许多常识一样，它先前对我只是一个笼统的概念，如何推崇，又模仿到什么程度，这次根据注释，以古籍和所读的文章两相比较，才开始有一点具体的感觉。以下的笔记，就手边所有的《洛布丛书》核对举例，所依据的线索全部出自这套注释。[13] 先看几个取譬的例子：

“文一”强调青少年交友不可不慎：

> 青年必须严加管束，禁止接触卑鄙丑恶的言行。平日往来过从的人，履历操行都要经过验看，他们的作为，不可为

青年开坏的先例，他们的劝告，要为青年所敬畏。树木的弱苗，如果系附强干，就不会被自身的重量或风力摧折；同样道理，青年应该追随这样的朋友，其言语足以为师，其良知足以为戒，其为人足以为楷模。（Itaque et ab omni foeditate ac nefaria turpitudine et prohibendi sunt magnopere custodiendi. Nec nisi iis committendi quorum mores et vita omnis perspecta sit, quorumque non iam exemplo peccent, sed autoritate deterreantur. Quemadmodum enim teneris arborum virgultis stipites alligantur ne aut propria mole aut vi ulla ventorum deflecti possint, ita et iuvenibus adhibendi sunt comites quorum monitis discant et conscientia retrahantur et imitatione proficiant. [p. 22]）

其中树木的比喻，注称来自塞内加《论仁慈宽恕》（*De clementia*），II，vii，4：

智者采取种种措施，使不智之人免受不智之害。他就像一个好的农夫，不仅仅培植健壮挺拔的树苗，还会支撑那些由于种种原因而长得弯曲的树苗，让它们正直地生长，其他的树苗，也会加以修剪，免得枝条阻碍它们长高；树苗因为土壤贫瘠而瘦弱，他会为之施肥；被其他树木荫蔽的，他会设法使之见到阳光。（Sapiens multa remittet, multos parum sani, sed sanabilis ingenii servabit. Agricolas bonos imitabitur, qui non tantum rectas procerasque arbores colunt; illis quoque, quas alique depravavit causa, adminicula, quibus derigantur, applicant; alias circumcidunt, ne proceritatem rami premant, quasdam infirmas vitio loci nutriunt, quibusdam aliena umbra laborantibus caelum aperiunt.)[14]

昆体良论述语文知识的授受是否应分先后次第，多用比喻。文字见于《雄辩术原理》，I，xii，1—7：

常有人问：所有这些知识，设若皆属必学，能否同时教授，同时领会？有人以为不行：心神分施于诸多的科目，必然疲倦混乱，脑力、体力、时间均不敷用，年龄稍大的学生或能应付，年龄小的断断不支。然而，这些人并不知道，自然赋予人类的智能十分强劲：它不仅迅速、敏捷，而且可以说是周览一切。其所能胜任，不仅限于一件事情，而是好几件，不仅限于一天之内，而是同时并举。琴师伴奏，既要记忆曲调，又要留意歌手声音的高低变化，右手按揉诸弦，左手扣拨、止息、释放诸弦，脚也不得闲，要打拍子。所有这些，难道不是同时进行？再有，我们律师如果突遇诉讼，仓促出庭，还不是要现想现说，建策、择词、出口即须成章，语调、表情、手势、身姿，样样不可或缺？既然如此众多的不同的事情可以一举完成，分配时间学习不同的知识，又何以不行呢？心力用于不同的事情，可以得到休息和补充，单做一件事情则难以持久。写得累了，就改阅读，阅读长久枯燥，还可以变换读物。无论做多少件事情，每件事开始的时候，我们总有清新的感觉。无论什么科目，整天听一个老师讲课，谁能不厌倦呢？变换科目可以恢复脑力，正像变换食物可以恢复胃口，不厌食，摄取的营养就多。如果有人不以为然，那么不妨告诉我，舍此有何其他的学习途径？难道我们应该先专攻文法，再专攻几何，以前学过的东西，期间全都置于不顾？然后再转攻音乐，文法和几何又都置之不顾？学拉丁文的时候，希腊文一眼都不看？总之一句话：难道我们就应该只顾眼前？为什么不告诉农民：谷物、葡萄、橄榄、果树不可兼营，牧场、牛羊、菜园、蜂房、鸡舍不能兼顾？我们自己还不是每天都要分神照顾不同的事情：诉讼案件、朋友请托、家务、身体、娱乐？其中任何一件，如果行之不辍，都会感到劳累。做多种不同的事情比总做一件事情要容易许多。(Quaeri solet, an, etiamsi discenda sint haec, eodem tempore tamen tradi omnia et percipi possint. Negant enim quidam, quia confundatur animus ac fatigetur tot disciplinis in diversum tendentibus, ad quas nec mens nec corpus nec dies ipse sufficiat, et si maxime patiatur hoc aetas robustior, puerile annos onerari non oporteat. Sed non satis perspiciunt, quantum natura humani ingenii valeat; quae ita est agilis ac volex, sic in omnem partem, ut ita dixerim, spectat, ut ne posit quidem aliquid agere tantum unum, in plura vero non eodem die modo, sed eodem temporis momento vim suam intendat. An vero citharoedi non simul et memoriae et sono vocis et plurimis flexibus serviunt, cum interim alios nervos dextra percurrunt, alios laeva trahunt, continent, praebent, ne pes quidem otiosus certam legem temporum servat, et haec partier omnia? Quid? Nos agendi subita necessitate deprehensi none alia dicimus, alia providemus, cum pariter inventio rerum, electio verborum, compositio, gestus, pronuntiatio, vultus, motus desiderentur? Quae si velut sub uno conatu tam diversa parent simul, cur non pluribus curis horas partiamur? Cum praesertim reficiat animos ac reparet varietas ipsa, contraque sit aliquanto difficilius in labore uno perseverare. Ideo stilus lectione requiescit, et ipsius lectionis taedium vicibus levatur. Quamlibet multa egerimus, quodam tamen modo recentes sumus ad id quod incipimus. Quis non obtundi potest, si per totum diem cuiuscunque artis unum magistrum ferat? Mutatione recreabitur sicut [或有脱文] in cibis, quorum diversitate reficitur stomachus et pluribus minore fastidio alitur. Aut dicant isti mihi, quae sit alia ratio discendi. Grammatico soli deserviamus, deinde geometrae tantum, omittamus interim quod didicimus? mox transeamus ad musicum, excidant priora? et cum Latinis studebimus litteris, non respiciamus ad Graecas, et, ut semel finiam, nihil faciamus nisi novissimum? Cur non idem suademus agricolis, ne arva simul et vineta et oleas et arbustum colant, ne pratis et pecoribus et hortis et alvearibus avibusque accomodent curam? Cur ipsi aliquid forensibus negotiis, aliquid desideriis amicorum, aliquid rationibus domesticis, aliquid curae corporis, nonnihil voluptatibus cotidie damus? Quarum nos una res quaelibet nihil intermittentes fatigaret. Adeo facilius est multa facere quam diu.)[15]

“文二”论述同样的问题，不仅观点和昆体良一致，设喻也是照抄：

有人可能要问：这些知识，何以要同时学习？同时教授，同时领会，是否可能？有人以为不行，因为心神分施于诸多不同的科目，必然混乱疲惫。这些人并不知道，自然赋予人类的智能十分强劲：它不仅迅速、敏捷，而且可以说是周览一切。其所能胜任，不仅限于一件事情，而是好几件，不仅限于一天之内，而是同时并举。心力用于不同的事情，可以得到休息和补充。整天听一个老师讲同一门课，谁能不厌倦呢？变换科目可以恢复脑力，正像变换食物可以恢复胃口。农夫的田里既有谷物，又有葡萄、橄榄、果树；同时照管牧场、牛羊、鸡舍、蜂房。(Quaereret forsitan aliquis, quo pacto discenda sint haec et an tradi simul et percipi possint. Negabunt aliqui, quia confundatur animus et fatigetur tot disciplinis in diversum tendentibus. At hi non satis perspiciunt, quantum natura valeat humani ingenii, quae ita est agilis et velox ac sic in omnem partem, ut ita dixerim, spectat, ut ne quidem possit aliquid agere tantum unum, sed in plura, non eodem die modo, quin et eodem temporis momento vim suam impendat. Reficit etiam ac reparat animos varietas ipsa. Quis vero non obtundatur, si per totum diem unius artis unum magistrum ferat? Sed in mutatione recreabitur spiritus, sicut in vrarietate moderata ciborum reficitur stomachus. Agricolae simul ava, vineta, oleas, arbusta colunt; pratis, pecoribus, avibus et alvearibus curam accommodant. [p. 254])

倒数第二句，较之昆体良原文，多出 spiritus 一词，而文义更加妥帖，推想是作者所读的抄本和《洛布丛书》依据的底本不同，或者是信笔复述，不觉之间补足了原文的阙落。

三篇文章都主张儿童学习拉丁文要由良师启蒙，因为坏习惯一旦形成，去除极不容易。取譬古典，都涉及音乐家蒂莫西授艺。“文一”的文字是：

> 首先要强调：不仅高年级的艰深课程应由最好的教师传授，基础知识也应如此；讲授的书籍也不可任意选择，而应是大家之作。马其顿国王菲利普要亚里士多德教亚历山大识字；古罗马人的子弟入学开蒙即读维吉尔。两者都是明智之举。幼年所学，根植必深，日后去除也不容易，如果开蒙之初即熟记嘉言懿行，学生会终生遵从，奉为师表。反之，如果开蒙所教有误，之后则须花费双倍的功夫：先要根除谬误，然后再教授真知。蒂莫西是古代著名的音乐家，因为在西塔拉琴上加设琴弦并且提倡新的弹奏法，被迫离开斯巴达。他教琴，学生如果以前跟别人学过，收取的学费比没有学过琴的学生要多一倍。（pp. 58—60）

“文二”的文字是：

> 教师既不能严厉呆板，又不能客气得全无规矩，你因而既没有理由怨恨他，也没有理由小看他。他应该是一个非礼不言的人，你因而不会由他染上日后须要去除的毛病。去除毛病非常之难，教人忘掉一件事比教人学会一件事要麻烦得

多。传说正是为此原因，著名的笛师蒂莫西授艺，先前跟别人学过的，所交学费要比生手多一倍。(p. 136)

“文三”的文字是：

自启蒙开始，就不能把学生交给粗鲁而没有教养的老师，这一点极为要紧，因为他们会把学生调教得更加无知。且不说学生浪费的时间，此后的教师，肯定会像音乐家蒂莫西所说的，必须花费双倍的劳动。先要让学生忘掉先前所学的东西，——这很不容易，如同贺拉斯所形容：“新陶器一旦吸入了气味就会长久保持”；之后再把正确的知识教给他们，因为要费时费力去除旧有的知识，这会很慢。(pp. 264—266)

根据注释查昆体良《雄辩术原理》II, iii, 1—6，有如下之说：

有一种观念，不宜置之不论。持此观念的人，明知子弟特具修辞天分，却不尽快引荐给优秀的教师，而任其继续跟随平庸的教师迁延时日。他们以为，教师既然才属中人，所言必定易懂易学，又不会因为自矜过高而不屑于繁剧，因而更适于教授初级的技能。我无须多费言辞即可说明，从学于优秀教师的益处之大，可鉴之于错误生根之后其清除之难。因为后继的教师要付出双倍的劳动，在教授之前，先要费心费力纠正学生已经学到的习惯。传说正是为此原因，著名的笛师蒂莫西授艺，先前跟别人学过的，所交学费要比生手多一倍。这些人的看法错在两个方面。一种错误，是以为平庸的教师可敷一时之用，年轻人的胃口强健，什么都能消化。如此的不在乎，固然可虑，但是如果平庸的教师只是教得少一点、慢一点，并不误导学生，倒还可以忍受。另一种错误更加常见，那就是以为语言修养高超的人不可能降低身份教授初级的课程，或是不屑一顾，或是根本就不会。我以为，不愿意教授初等课程的人不配做教师，任何有能力的人只要愿意，都可以教得很好。原因有三：第一，语言修养既然超过旁人，对于致获修养的方法一定有精到的认识；第二，思辨能力于教学十分重要，而修养高超的人必然长于思辨；第三，高级技能娴熟的人，不可能缺乏初级的技能，否则就等于设想，菲迪亚把宙斯雕塑得尽善尽美，而雕像附属的装饰却要假手他人，而且胜过雕像本身，或者设想善于雄辩的人不会说家常话，或者设想名医治不了常见病。[16]

蒂莫西的事迹和所教的乐器，三位作者各有说法，可见古事渺远，传闻不限一途。

三篇文章追随古典，最见紧密是在语文教育，也就是培养读写的趣味格调。移植古人文字最多的是“文二”，以下举四个例子，移植的文字全部来自昆体良。例一是讲词的引伸义，也就是隐喻。“文二”的文字是：

某些词的所指就其本义讲是一物，就其语境讲另是一物，叫做“引伸”。譬如gemma，本指宝石，移换语境，则可以指葡萄剪枝时由切断的破口滴落的水珠，或指早春初发的嫩芽。引伸，就是把一个词由其做本义解的语境移而用之于另一语境，在新的语境中，其所指的事物或者本无其词，或者用引伸词来称呼、形容，使人感觉胜过本义词。引伸的因由，或是出于无奈，或是为了词采。无奈可见于 gemma 一词，因为对于初露的芽头和枝条上的水珠，农夫没有其他的名目来称呼。说某人“木”（durus）或者“粗粝”（asper）也是出于无奈，因为没有本指如此脾气秉性的词语。旨在词采的引伸分为两种：一是引伸之义更加显豁鲜明，二是引申之义更加典雅顺适。说某人“怒火燃烧”，或者“欲望炽烈”，或者“滑入歧途”，属于前者。如果简单地说他“发怒”，“有欲望”，或者“犯错误”，是使用本义词，但不够鲜明显豁。为了典雅顺适而引伸词义的例子也很常见，比如“光辉讲辞”、“昭昭世家”、“公众集会的暴风雨”、“如同滚雷的雄辩”。引伸之义，在得当的地方稍许使用，可以让文章生色，过频过滥，则会使文章生涩难懂，读起来很累。词义引伸的太远，则让人以为是寓言或者是谜语。（‘Translata’ verba dicuntur, quae alium natura intellectum, alium loco praebent, veluti ‘gemma’ secundum naturam preciosum lapillum significat, ex loco traslata in locum significare guttam potest, quam vitis putata mittere solet, seu pullulantem primo veris tempore ramusculum. Transfertur autem verbum ex loco in quo primum fuit, in alium in quo aut proprium deest aut translatum proprio melius esse videtur, compellitque nos verba transferre aut necessitas aut utilitas. Necessitas, ut iam de ‘gemma’ diximus, nec enim nomen aliud habuit rusticus, quo se monstrantem primo ramusculum sive guttam liquoris ex vite manantem appellaret. Necessitate quoque 'durum' hominem dicimus atque 'asperum', quia non habemus proprium, quod demus his affectibus vocabulum. Utilitas bifariam dividitur, quia vel significantius vel ornatius quam propriis translatis utimur. Significantius cum dicimus hominem 'incensum ira' aut 'inflammatum cupiditate' aut 'errore lapsum.' 'Iratum' enim et 'cupidum' et 'errantem' dicere proprie licuit sed minus significanter. Ornatus causa multa interponi translata solent, ut 'lumen orationis', 'generis claritatem,' 'contionum procellas', 'eloquentiae fulgura.' Modicus tamen atque opportunus translationis usus illustrat orationem; frequens autem et nimius obscurat et taedio complet, continuus vero in allegoriam exit atque enigmata. [pp. 184—186])

昆体良《雄辩术原理》VIII. vi. 5—7 有如下文字：

引伸，就是把名词或者动词由其做本义解的语境移而用之于另一个语境，其在新语境中所指的事物，或者本无其词，或者由引伸词来称呼、形容胜过本义词。引伸或是出于无奈，或是为了把意思表达得更加显豁鲜明或者（如上所述）更加体面。没有这些理由，则属引伸不当。出于无奈而引伸词义的例子可见于农夫把葡萄藤上滴下的水珠叫做“宝石”（此外没有别的称呼），或者说缺水的田地“干渴”、减产的果实“受难”。我们说某人“木”或者“粗粝”，也是出于无奈，因为没有本义是形容这种脾气的词。说某人“怒火燃烧”、“欲望炽烈”、“滑入歧途”，是因为本义形容这些状态的词，其意境都不如引伸而用的词显豁鲜明。说“光辉讲辞”、“昭昭世家”、“公众集会的暴风雨”、“如同滚雷的雄辩”，则是为了表达的典雅。(Transfertur ergo nomen aut verbum ex eo loco in quo proprium est, in eum in quo aut proprium deest aut translatum proprio melius est. Id facimus, aut quia necesse est aut quia significantius est aut（ut dixi）quia decentius. Ubi nihil horum praestabit, quod transferetur, improprium erit. Necessitate rustici *gemmam* in vitibus（quid enim dicerent aliud?）, et *sitire segetes et fructus laborare;* necessitate nos *durum hominem* aut *asperum;* non enim proprium erat, quod daremus his adfectibus, nomen. Iam *incensum ira* et *inflammatum cupiditate* et *lapsum errore* significanti gratia; nihil enim horum suis verbis quam his arcessitis magis proprium erit. Illa ad ornatum, *lumen orationis* et *generis claritatem* et *contionum procellas et eloquentia fulmina.*）[17]

例二讲避免蛮俚词语（barbarismus），“文二”的文字是：

蛮俚词语有几个来源：一是源自外族，譬如说话时夹杂非洲、西班牙、日耳曼词语，不合拉丁文的用法；二是由于性情脾气，譬如说话凶狠无礼，鲁莽粗暴；再有就是改动词的声音和拼写，譬如省略、添加、变换音节和字母，或者调换它们的位置，Tinga Placentinus 把 pergula 写成 preculam，

Hortensius 就诟病为双重的蛮俚。但是，诗人使用蛮俚之词并不为过，甚至可嘉。(Barbarismus quidem ex multiplici fonte manat: ex gente, ut si latina in oratione vocabulum Afrum vel Hispanum vel Teutonicum misceas, quod non sit usu latinum; ex natura, ut si insolenter, minaciter, ac crudeliter loquaris, barbare namque dixisse videberis; ex alteratione dictionum, ut si detrahas vel addas vel varies syllabas aut litteras aut de loco suo transmutes, ut Tinga Placentinus, qui 'preculam' pro 'pergula' dicebat, duplicis ab Hortensio barbarismi notatus vitio. Haec tamen apud scriptores carminum aut veniam saepius aut laudem merentur. p. 192)

《雄辩术原理》I，v，8—12：

教师学问浅陋，未曾登堂入室，只能讲一些常见于书本的东西，如果学养有素，就能讲得更加深广，首先他会把蛮俚词语分成几类。一类来自外族，譬如有人把非洲或者西班牙语言里的称呼用在拉丁文里。把箍在车轮外周的铁皮称为 cantus 就是一个例子，Persius 用这个词的时候，它在拉丁文里已经约定俗成了。卡图鲁斯把箱子叫做 ploxenum，是从波河河谷学来的说法；Labienus 反对 Asinius Pollio 的讲词（也许是 Cornelius Gallus 的讲词）以 casamo 称呼跟从追随的人，是从高卢地区学来的说法；西塞罗把粗糙的外衣叫做 mastruca，用的是撒丁岛的语言，那是故意嘲笑。再有一类出自性情脾气，比如说话凶狠无礼，就可以叫做蛮俚不雅。第三类是普通常见的错误，人人都能举出例子，比如把构词的字母和音节任意省略、添加、调换、误置。然而有些教师为了显示学问，经常从诗里挑出例子，批评他们所讲解的作家用语蛮俚。但是学生应该明白，以蛮俚词语入诗，并不为过，甚至可嘉。教师应该为他们选择不太常见的例子。譬如 Tinga Placentinus （如果 Hortensius 的批评属实）把 pergula 写成 precula：g 误写为 c，r 又置于 e 之前，一个词里即有双重的蛮俚之误。(Ex quibus si quis erit plane impolitus et vestibulum modo artis huius ingressus, intra haec, quae profitentium commentariolis vulgata sunt, consistet, doctiores multa adiicient, vel hoc primum, quod barbarismum pluribus modis accipimus.Unum gente, quale est, si quis Afrum vel Hispanum Latinae orationi nomen inserat, ut ferrum, quo rotae vinciuntur, dici solet *cantus,* quanquam eo tanquam recepto utitur Persius; sicut Catullus *ploxenum* circa Padum invenit, et in oratione Labieni （sive illa Cornelii Galli est） in Pollionem *casamo* adsectator e Gallia ductum est; nam *mastrucam*, quod Sardum est, irridens Cicero ex industria dixit. Alterum genus barbarismi accipimus, quod fit animi natura, ut is, a quo insolenter quid aut minaciter aut crudeliter dictum sit, barbare locutus exstimatur.Tertium est illud vitium barbarismi, cuius exempla vulgo sunt plurima, sibi etiam quisque fingere potest, ut verbo, cui libebit, adiiciat litteram syllabamve vel detrahat, aut aliam pro alia aut eandem alio quam rectum est loco ponat. Sed quidam fere in iactationem eruditionis sumere illa ex poetis solent et auctores quos praelegunt criminantur. Scire autem debet puer, haec apud scriptores carminum aut venia digna aut etiam laude duci, potiusque illa docendi erunt minus vulgata. Nam duos in uno nomine faciebat barbarismos Tinga Placentinus (si reprehendenti Hortensio credimus) *preculam* pro *pergula* dicens, et immutatione cum *c* pro *g* uteretur, et transmutaione cum *r* praeponeret *e* antecedenti.) [18]

例三讲在文章中使用古语，“文二”的文字是：

古语的好处在于庄严肃穆，有如宗教。它们源自古代，出于名家笔下，能使言辞典重悦人。它们既因为古老的渊源而具有权威，又因为久不流行而鲜为人知，所以引起一种近乎新奇的美感。但是，使用不宜太频，也不宜太夸，做作炫耀最令人反感。更不宜使用被人遗忘的遥远年代的词语。(Vetusta verba maiestas quaedam, ut sic dixerim, religiose commendat. Nam quae sunt a vestutate repetita, non solum magnos assertores habent, sed etiam afferunt orationi gravitatem non sine delectatione, cum et auctoritatem antiquitatis habeant, et quia intermissa sunt, gratiam novitati similem pariunt. Sed opus est, ne crebra sint nec manifesta, quia nihil odiosius affectione, nec utique ab ultimis et obliteratis repetita temporibus. p. 200)

《雄辩术原理》I，vi，39—40：

古语不仅因为出自名家而具有权威，而且能使言辞典重悦人。它们既因为古老的渊源而具有权威，又因为久不流行而鲜为人知，所以引起一种近乎新奇的美感。但是，使用不宜太频，也不宜太夸，做作炫耀最令人反感。更不宜使用被人遗忘的遥远年代的词语。(Verba a vetustate repetita non solum magnos assertores habent sed etiam adferunt orationi maiestatem aliquam non sine delectatione; nam et auctoritatem antiquitatis habent et, quia intermissa sunt, gratiam novitati similem parant. Sed opus est modo, ut neque crebra sint haec necque manifesta, quia nihil est odiosius adfectatione, nec tuique ab ultimis et iam oblitteratis repetita temporibus.) [19]

例四讲语言习惯，先看“文二”的两段文字：

还要说到惯例。学说话，它是最准确的教师，逻辑、古语、名家典范都在其次。交谈如同交易，必须使用市面流行的钱币。以为早年间的人说的话比现在的人说的话好，是近乎可笑的想法。(Superest igitur consuetodu, certissima loquendi magistra, cui et rationes cedunt et vetustas et auctoritas omnis; utendum est sermone ut nummo, cui publica forma est. Nam paene ridiculum fuerit malle sermonem, quo locuti sunt homines, quam quo loquuntur. [p. 204])

此处务须谨慎，否则学会的尽是一些市语乡谈。首先要确定，什么是我们所说的惯例。如果惯例就是大众的言行，那么正如昆体良所说，以之为师为鉴，不仅会有害于语言，更会有害于生活作风。美好正确的言行，能有多少为大众所认可呢？智慧不见于大众，而见于少数人，优美的语言也是一样。留长发、剪短发、洗浴闹酒、纵情声色，沉浮于这些事情的人多，自远于这些事情的人少。我们绝不可效法前者，不可与之为伍。糟蹋拉丁文的人，又是何其之多！此地的人用 hovizare 表示 amare（爱）或者 insequi Veneis cupiditate feminas（为满足情欲追逐女人），管 sumptus qui fiunt ab itinerantibus（旅费）叫 ceralia，如果某人要来，他们不说 veniet，而说 erit cito venire。难道因为他们人多，我们就应该效法他们，接受大众的语言习惯？绝对不行。常则惯例的基础，是端正美好的言行，而不是丑陋邪恶的言行。生活的常则惯例应以好人为准，语言的常则惯例应以受过教育的人为准。(Sed est hic quoque iudicium necesarium, ne passim vulgus imitemur. Constituendum est in primis, quid sit ipsum, quod 'consuetudinem' appellamus. Nam si ex eo, quod plures faciunt, nomen accipiat, periculosum dabit praecptum, ut Quintilianus ait, no orationi modo, sed, quod magis est, vitae. Unde enim tantum boni, ut pluribus, quae recta sunt, placeant? Non in multitudine sed in paucitate sapientia reperitur, nec eloquentia populi est sed paucorum. Maximus est eorum numerus, qui comas nutriunt et gradus frangunt, qui perpotant in balneis, qui libidini serviunt; pauci, qui ab his abstinent. Absit, ut illos imitemur; istos fugiamus. Quam multi sunt, qui verba latina depravant! Pro eo, quod est 'amare' atque 'insequi Veneris cupiditate feminas,' 'hovizare' huius terrae populus dicit; ‘sumptus qui fiunt ab itineratntibus’, ‘ceralia’ vocat; quando venturum quemquam significare vult, ipse inquit non ‘veniet’, sed ‘erit cito venire.’ Quid igitur? Sequemurne istos, quia plurimi sunt, et loquendi consuetudinem ex multitudine recipiemus? Facessat hic error. Non enim, quod vitiose quamvis multis insiderit, pro regula sermonis accipiendum erit, quia non vitia sed mores boni consuetudinem faciunt. Sicut ergo vivendi consensum bonorum, sic et loquendi consonantiam eruditorum appellare et imitari consuetudinem oportebit. [p. 206])

《雄辩术原理》I，vi，42—46 也有两段相应的文字：

还要说到惯例。以为早年间的人说的话比现在的人说的话好，是近乎可笑的想法。早年间的人说的话，还不就是当时说话的惯例？(Superest igitur consuetudo; nam fuerit paene ridiculum malle sermonem, quo locuti sint homines, quam quo loquantur. Et sane quid est aliud vetus sermo quam vetus loquendi consuetudo?) [20]

此处务须谨慎，首先要确定什么是我们所说的惯例。如果惯例就是大众的言行，以之为师为鉴不仅会有害于语言，而且，更重要的，会有害于生活作风。美好正确的言行，能有多少为大众所认可呢？有的人把头发剪得像梯田一样，有的人在浴池里酗酒，这样的丑行尽管充斥街市，也不能叫做惯例，因为它们可恶；而我们的沐浴、我们的发型、我们的宴饮聚谈，却是符合惯例。所以说话的时候，不能把根植于众口的坏习惯当做常规。没有受过教育的平民怎样讲话，用不着我描写，我们在剧场都听到过全体观众异口同声的叫喊，言辞俗俚。因此，受过教育的人所认可习用的言辞，我称之为讲话的惯例，有如我把高尚的人的行为当做生活的惯例。（Sed huic ipsi necessarium est iudicium, constituendumque in primis id ipsum quid sit, quod consuetudinem vocemus. Quae si ex eo, quod plures faciunt, nomen accipiat, periculosissimum dabit praeceptum, non orationi modo sed （quod maius est） vitae. Unde enim tantum boni, ut pluribus quae recta sunt placeant? Igitur ut velli et comam in gradus frangere et in balneis perpotare, quamlibet haec invaserint civitatem, non erit consuetudo, quia nihil horum caret reprehensione; at lavamur et tondemur et convivimus ex consuetudine; sic in loquendo, non si quid vitiose multis insederit, pro regula sermonis accipiendum erit. Nam, ut tanseam, quemadmodum vulgo imperiti loquantur, tota saepe theatra et omnem circi turbam exclamasse barbare scimus. Ergo consuetudinem sermonis vocabo consensum eruditorum, sicut vivendi consensum bonorum.）[21]

比较昆体良的原文，可以看出“文二”的文字有因时制宜的地方。讲外来语词，去掉了不见于当时的例子。讲雅俗之别，则添加了当时大众常用的说法。词义引伸的道理古今通用，因而所有的用例一仍其旧。但是，这几段文字仍然不失其为因袭。因袭古典的例子，此前各条笔记里已经多见，散见于三篇文章中未曾抄录的更多。取譬频频借助古典，或使人疑心三位作者自身笔力不济。其实不然，三篇文章中尽有作者自创的比喻，生动亲切。比如“文一”说大器晚成：

> 有些人成年之后的作为，有违众人的殷勤属望，那自然不是好事。而特别值得夸赞的，是有些人小时候并未显露头角，后来却大有出息，就像有些苹果，在粗糙难看的表皮下面，长着甜美的果肉。（p. 10）

说身心的训练贵在从幼年开始：

> 训练应自幼年开始。强身，使之适应军役战勤，制心，使之坚忍耐烦。年轻人就像马匹一样，应该被领到操场上，在尘土和汗水中，习惯日晒，习惯劳累。我们看到，树木的细枝负荷众多的果实，从最初开花朵直到丰硕成形，只见弯曲，却从不折断。而同样的分量，如果不是逐渐增长，再粗壮的枝条也承受不住。人的身心，如果不从幼童开始，逐年养成吃苦耐劳的习惯，此后遇到艰难险阻，会立刻崩溃。（p. 68）

还有一则，词锋有类《世说新语》：

> 民间几乎人人信奉的通例，是少年智识超过同龄人，到老就会变得痴呆。我们不必理会这种说法，虽然它在某些方面不悖生理常规：感官在幼年健旺，年龄越大越迟钝。提起此话，有老者曾被少年面折，话说得很在理，但是两位的名字我都不知道。这位少年的见识和品德，公认轶群绝类，有

> 人为所说的老者指认，以为是奇迹。老者说："如此聪明的后生，到老是要丧智的"，说得话音很高，让少年能听见。这位少年不失天生的机敏，当即转过脸来回答："照此说来，您当后生的时候必是极端聪明。"（pp. 28—30）

"文二"说高门子弟不可尽恃祖荫：

> 门第高贵，须有嘉言懿行作为装束，才能获人敬重。丑恶的事物毫无高贵可言。假如某人的言行不循祖德，仅凭显赫的姓氏为人所知，谁会说他高贵呢？牲畜无言，即便出于备受称道的双亲，也要自身强壮才配称为名种。人要得高贵之称，必须靠自己的美德美行。（pp. 126—128）

"文三"讲朗读要声音、节奏、意思兼顾：

> 几年前，我听说某人读西塞罗的《演说家》，只欣赏辞藻、句式，对作者的宗旨却是毫无领会。这种人切不可学。焦渴之际喝水，首先要解口干舌燥之急，然后才会注意到水杯上的雕刻纹饰；读书求知一同此例，首先留心的应该是思想精神，然后才是文采。（p. 298）

自身笔力既健，却又连篇复述他人的文字，不惮其烦，究竟是出于一种什么样的需要？旧书不厌百回读，布克哈特论述文艺复兴详而不烦，简而有要，有些当初一看而过的文字，再读却正是要找的答案。《文艺复兴时期的意大利文化》有一节专论人文主义的衰落，其中说，时至16世纪，人文主义者在意大利渐失人心，常见诟病的有三件事情：一是自命不凡，时常恶意指摘别人的错误；二是细行不检，生活放荡；三是亵渎宗教。文中有这样一段：

> 有人会说：这些指责，无论其真假，何以早无见闻？其实这些指责早就有人提出，但是影响很小。原因很简单：大家要依靠这些学者获得古典知识，换言之，人文主义者于古典文化，占有、传播二者兼任。后来，古籍的印刷本和种种内容丰富、编纂良好的辞书、手册流行渐广，大家获取知识也就不必依靠人文主义者的个人传述。一旦可以抛弃这些学者，哪怕是部分地抛弃，大家就开始畅所欲言。人文主义者无论品行好坏，均受其害。[22]

人文主义者的品行，与此处的问题无关。但是这段话告诉我们：印刷术发明、推广之前，许多在今天属于书籍、词典的功能，要由人来担当。三篇文章作于1400年至1460年之间，古典知识大都储备于个人，古人的思想、事迹，尤其是著作里的文字，复述一回，就等于传布一回，复述再三则传布再三，并不是劳而无功的事情。由这段话再向前查看布克哈特的著作，又见到类似的消息：文艺复兴时期，意大利盛行演说的风气，使节聘问、主教到职、婚礼、丧礼都是致辞的时机，人文主义者以此见长。讲辞往往杂凑各种古典原文，如同百衲衣衫，演讲时听众不以为烦，演讲后广获传抄，原因就在于当时书籍不多。[23]三篇文章堆砌古人文字，推想是出于同样的原因。

布克哈特的这两段话还帮我解决了另外一个问题。三篇文章行文常见枝蔓，稍不留意就会迷失作者的思路。参照布克哈特的说法，再核对古典，可知这种风格的用意在于见缝插针，牵缀古人的文字。举两个例子，例一是“文一”讲说历史的重要性：

> 再说历史，正是由于它的用处和乐趣之大，才使得我们越加痛感它的失传。对于思想高尚的人，对于理当执掌国家和公众事务的人，历史知识和道德哲学尤其适宜。其他诸门学问号称“自由高尚”，因为它们跟自由高尚的人相配。而哲学之所以获此称呼，在于它使人变得自由高尚。我们由哲学知道趋避取舍的道理，由历史知道具体的事例。哲学说的是人们的责任和义务，历史说的是人们在每个时期的言行。如果我没有想错，在此两门学问之外，还应该加上第三门，即是雄辩术，它是从政须知的一个部分。哲学使我们有正确的认识，这是万事的根基；雄辩术使我们出言庄重典雅，这是赢得众人之心的最好手段；而在这两个方面历史都有用处。如果上了岁数的人以自身多年的经验和得之于他人的见闻，使我们认为他们多知多懂，乐于听其谈吐，那么对于那些铭记了各个时代的重要事件，而且凡事都能举出以往的例子加以阐明的人，我们又当做何论？(Sed redeo ad historiam, cuius eo gravior est iactura, quo eius rei cognitio et utilior est et iucundior. Nam liberalibus quidem ingeniis et his qui in publicis rebus et hominum communitate versari debent, convenientiora sunt historiae notitia et moralis philosophiae studium. Ceterae quidem enim artium ‘liberales’ dicuntur quia liberos homines

deceant; philosophia vero idcirco est liberalis quod eius studium liberos homines efficit. In horum igitur altero praecepta quid sequi quidve fugere conveniat, in altero exampla invenimus. In illa enim omnium hominum officia reperiuntur et quid quemque deceat; in hac vero quid factum dictumve sit suis quotcumque temporibus. Adiciendum est ad haec [ni fallor] et tertium, id est eloquentia, quae civilis scientiae pars quaedam est. Per philosophiam quidem possumus recte sentire quod est in omni re primum; per eloquentiam graviter ornateque dicere qua una re maxime conciliantur multitudinis animi; per historiam vero in utrumque iuvamur. Nam si senes idcirco prudentiores iudicamus eosque libenter audimus quod per longam vitam et in se multa experti sunt et in aliis pleraque viderunt atque audierunt, quid de his est iudicandum qui multorum saeculorum res cognitu dignas memoriter norunt et ad omnem casum proferre illustre aliquod exemplum possunt? [p. 48])

主旨是说历史，却徘徊旁顾哲学和雄辩术，今天的人读起来十分累赘。但是在当时，这段话传播了两条古人的文字：第一是塞内加关于哲学的说法，原文见于《书信集》LXXXVIII，i，已经抄录在本文第二节。第二是昆体良关于雄辩术的说法，原文见于《雄辩术原理》I，xv，33："有人认为雄辩术就是政治，西塞罗就说它是从政须知的一个部分（从政须知又被称为哲学）；也有人说它是哲学的一个部分。"（Rhetoricen autem quidam eandem civilitatem esse iudicaverunt; Cicero scientiae civilis partem vocat——civilis autem scientia idem quod sapientia est；quidam eandem philosophiam.）[24]

例二是“文二”讲文学修养，也就是读书的能力。读书能力既强，就可以悟解哲学，文中描述哲学，近乎喧宾夺主：

> 哲学是一切学问的母亲，柏拉图称其为诸神的恩赐，西塞罗称其为诸神的发现。不通文学是无从理解哲学的。哲学教给你的，首先是事神的法则，然后是人类之间维系关系的法则，最后是心灵的宽大平和，启发你的智慧，就像拨开眼前的迷雾一样，使你明白天上和人间的一切事物，明白一切事物的缘起、过程、终结。既然由文学获致的成果如此之多，包括识别善恶的能力；既然文学教我们借鉴以往，掌握当下，又为我们指示未来，有谁不愿意奋力于文学呢？不懂文学的人，无论是何年岁，都处于蒙昧之中，不懂文学的君主离不开旁人的指导。谒请迎逢之徒充斥宫廷，有谁会对君主讲真话呢？君主通晓文学，可以从哲学家的著作中自行获得真理，难道没有益处吗？法勒鲁姆的德米特里曾经劝导国王托勒密搜集研读有关王国、帝国的书籍。朋友们没有胆量劝告的事情，王者从书籍中可以找到。（Philosophia vero omnium mater artium, quam Plato donum, Cicero inventum deorum putat, absque litteris haud facile percipi potest. Haec te primum ad divinum cultum, deinde ad ius hominum quod situm est in generis humani societate, tum ad modestiam magnitudinemque animum erudiet et ab animo tamquam ab oculis caliginem removebit, ut omnia supera, infera, prima,

media et ultima videas. Quis igitur litteris insudare noluerit, quando tantus ex his fructus percipitur, in quibus est boni ac mali notitia; quae nobis praeterita referunt, praesentia moderantur, futura indicant? Sine litteris omnis aetas caeca est, nec alieno carere ducato potest illiteratus princeps. Cumque adulatoribus plenae sint regum aulae, quis verum principi dixerit? An non conducibile est regem litteras nosse, ut in philosophorum libris ipse sibi veritatem vindicet? Demetrius quippe Phalerius Ptolomaeum regem monebat, ut libros de regno imperioque sibi compararet atque perlegeret; quae enim amici non audent monere reges, haec in libris scripta reperiuntur. [p. 160])

描述哲学的文字，来自西塞罗《图斯库伦论说集》I，xxvi，64：

哲学，一切学问的母亲，如果她不是像柏拉图所说，是诸神的赐予，或者如我说，是诸神的发现，又能是什么呢？她教给我们的，首先是事神的法则，然后是人类之间维系关系的法则，最后是心灵的宽大平和。就像拨开眼前的迷雾一样，她启发我们的智慧，使我们明白天上和人间的事务，明白它们的缘起、过程、终结。(Philosophia vero, omnium mater artium, quid est aliud nisi, ut Plato, donum, ut ego, inventum deorum? Haec nos primum ad illorum cultum, deinde ad ius hominum, quod situm est in generis humani societate, tum ad modestiam magnitudinem animi erudivit, eademque ab animo tamquam ab oculis caliginem dispulit, ut omnia supera infera, prima ultima media videramus.) [25]

加拿大学者格兰德勒研究文艺复兴时期意大利的教育，在著作中提到一封信，指出其中多有关于人文主义者效慕古典的佐证。信写于1452年9月，写信人老瓜里诺（Guarino da Verona），是“文三”作者的父亲，收信人尼古拉（Niccolo）是老瓜里诺的另外一个儿子。[26] 我依据格兰德勒著作中的指点，找到信的原文，附录于文末，以下是我的翻译：

> 来信收悉，其中两纸甚得我心。另外一纸中，你对我的某些书信的风格颇表不解，甚或隐含嘲笑之意。那些书信是我儿时的习作。你认为有些词句不够正统，所代表的文风和发音都十分怪异。你对乃父文章的评价令我欣慰。早年的文字重见阳光，我自己几乎都认不出来，它们就像是柏拉图所说的帕雷贺尼希斯，从忘川的彼岸被拉回到人间，而你把它们召回，就像是往返阴阳两界的墨丘利。但是，我并不觉得羞愧。此事让我想起维吉尔的诗句：“多么美好的时代造就了你，可爱的孩子，你的父母该当何似。”我当年的遭遇却很不幸运。直到我的少年时期，人文学长年沉睡在黯晦孤寂之中，罗马语言旧时悦耳的话语和甜美的文字全都枯萎堙没，人们的舌头不知为什么变成了铁砣，出言生硬粗糙。生不逢时，那段经历是命运所赐。我现在去之既远，可以为你讲一讲时代的不同。
>
> 那个时候，没有人知道西塞罗——罗马语言的权威，我们祖先甜美如蜜的言谈的源头，所有意大利人梳理打扮自己

语言的镜子。人们喜好西塞罗的文风并且尽力模仿，曾经促成语文修养的巨大进步。多年之后，普罗斯佩洛思、哥伦布斯、卡图鲁斯之辈涌入意大利，充斥各地，一种蛮俗可憎的语言文字风格萌生，取代了西塞罗。诸如“Vobis regratior, quia de concernentibus capitaniatui meo tam honorificabiliter per unam vestram litteram vestra me advisavit sapientitudo”的说法，会被当做丰茂的美文而受人赞赏。在语言文字的混沌黑暗之中，也有一些本性富于真趣然而缺乏指导的人。他们试图拨开迷雾，但是因为眼界有限，不能恢复古代语言的辉煌。那时我们的经历，有类于今天从各个日耳曼国家到意大利来学习拉丁文的人。他们要是跟没有教养而言语可憎的人混到一起，只会觉得这些人谈吐粗俗、词汇肮脏，绝无受用之感。如果与之来往的人说的是地道纯粹的拉丁文，他们会立刻爱上那甜美如蜜的词汇和像天鹅一样的语音。

然而，墨丘利（这当然是诗人或者天象学者的说法，依照基督教的真理，应该说是墨丘利的造主，裁判我们的上帝）垂怜我们的蒙昧无知，为我们送来了一位于各门知识都深有造诣的人——科里索洛拉。我不知应该以学识还是以德性来称道其人。如果以德性为言，你会觉得他的德性胜过学识；如果以学识为言，你又会觉得他的学识胜过德性。他的荣誉，声名广播不足以增，无人知晓也不足以损。他是皇帝和教皇的客人，是各地居民期待的来宾，所到之处，欢迎之盛有如节日，你会以为他是天上派来的人。他把佛罗伦萨看做是学术复兴的恩主，欣然接受那个繁华的城市的邀请，就任备受礼遇的讲席，取得了丰硕的成果。对高雅的文化艺术和教育，佛罗伦萨长年护持，形同再生父母，以这个城市为起点，科里索洛拉开始向意大利的学生传授古典，通过他们激励本土的文化教育，有如特里普托勒摩斯向世人传授农艺。他所播下的种子生长迅速广泛，结出了神奇的果实。人文学就像蜕皮成长的小蛇，恢复了旧时的活力，一直延续至今，有望再造古罗马的辉煌。西塞罗的话正可用于当今的意大利。他说当时的罗马人："只要听过希腊人的雄辩，学会了希腊人的语言文学，并且请来了希腊的教师，就会像火一样热心于语文修养。"他还说到老加图："他后来的言辞比早年的著作更富学识，那是因为他晚年学习希腊文，由之得力。"科里索洛拉带来光明，照亮了被人弃之不用，黯淡已久的古典拉丁文；科里索洛拉带来药物，祛除了污染拉丁词汇的病害。

尼古拉，我的儿子，不要厌烦乃父为你讲述学术复兴的缘起、他对学术的追求和异邦之行。你出生晚，这些故事前未之闻，它们可以激励你为学，你也可以把它们传诸后生。米兰大公加利阿索出高价聘请科里索洛拉到米兰。他的宫廷当时没有学者为之装点门面，是意大利的显贵家族中的唯一例外，而大公又是非常看重名誉的人。大公去世后，科里索洛拉返归故国。我求知若渴，于是尾随而至，以便有机会接受他的教诲培养。现在你不妨重复我在上文引述的维吉尔诗句："多么美好的时代造就了我"。在这美好的时代里，人文学不仅在意大利，而且在其他国家扎下了根。就像谚语所说，你是吃现成的。坚果的外壳已经为你去掉，你吃的是干净易嚼的果仁。你读过眼下普及各地的雄辩家、诗人和其他作家的作品，由之学到了正确无误的语言。我在开始求学的时候，没有你这样幸运。现在大家讲的拉丁文流畅明白，是时代使然，而非个人之功：讲得好所受的赞扬，远不及讲得不好所受的嘲笑为甚；纯粹的拉丁文是当今的常例，其必行无违，远过于昔日的蛮俗拉丁。

所以，亲爱的儿子，如果你看到我过去的文字有欠妥欠雅之处，应该知道那是往昔的坏风气造成的恶果。你批评嘲弄乃父儿时学语的口吃，其实不如以亲切一笑付之。你不能期望，未曾断奶的婴儿会像受过教育的大人一样说话。如果可以将老比少，你难道看不出艾努伊思的诗歌跟维吉尔是两种风格？看不出切索里乌斯的话语和文章不同于西塞罗？看不出费必乌斯·毕克托不像李维那样写历史？同样道理，当年咿呀学语，错误频出的孩子，如今的言辞已经是雅驯而且有力了。

想想这些，你就不会见怪于我的文字，也不会苛求于时代的不同。祝好。

信中所说科里索洛拉是拜占庭贵族，著名的人文学者，古典希腊文在意大利复兴，肇始于他的传授。科里索洛拉到意大利是1397年，老瓜里诺那年23岁，写这封信的时候，他已经78岁了。信中所说的种种事情，和三篇文章或者同时，或者相去不远，可以由之想见早期的人文主义者追慕古典的心情和风气。

五

古典希腊文，“文一”和“文二”的作者都是徒存想往，无由以致，“文三”则已经论说具体的教授方法。以下几条笔记可以为证。“文一”：

古人的著作，有些我们只知道名称，只知道它们备受赞赏；还有一些流传至今，然而卷数不全，甚或只是片段。那些仅闻其名，仅闻其誉的著作，我们渴望能见到原典。而部分存世的著作，因为它们的语言精美严整，内容重要可贵，我们读后就更加惋惜失传的卷帙。当然，在存世的部分之中也有很多抄写的谬误，还有段落或字句的缺漏、错乱，其甚者为害堪比失传。

在这个巨大的损失中，尤其可惜的是很多古罗马的史实还有后来在意大利地区发生的重要的事情我们都无从知晓，关于它们的记录都随着载籍和碑碣消失了。我们知道蛮族的事迹，而对自己的历史，由于典籍保存不善，却茫然无知，以至于我们要从古希腊语的著作中获取拉丁民族的信史。许多事情在拉丁文的著作中只是偶尔提及，或是根本没有记录，在古希腊语的著作中却是随处可见。我们的祖先一度熟知古希腊语如同自己的母语。然而这种语言如今在它的本土几乎绝迹，在意大利则彻底失传。幸而眼下有一些人士正在努力学习，把它从坟墓中召回，重见天日。（pp. 46—48）

“文二”：

然而师资不备，我不知道如何能向您传授希腊文。但是我仍然建议，如果有机会，您应当学习希腊文。匈牙利王国与众多的希腊人为邻，通晓希腊文有利于统治，而古希腊文学的知识又能增益您拉丁文的言辞文笔，西罗马帝国的好几位皇帝于此都有深厚的修养。加图既老而努力学习希腊文，马里乌斯却因为希腊文系由奴隶教授而耻于学习，我以为前者更为可取。希腊文，我们心向往之，但却无由以致，所以此处只说拉丁文。我们并不缺乏古典拉丁文的著作，借助它们您可以丰富、装点自己的言辞文笔。（p. 208）

“文三”：

我在此不揣浅陋，试说应该如何学习希腊文。我固然知道，昆体良主张一开始就教授古希腊的作品，但我以为不甚可行。原因在于希腊语和我们的语言并无亲缘关系，除非先教给学生一些拉丁文，我不知道如何引导他们进入希腊文。但是我确实看到，学生在我父亲的调教之下——他于希腊文与拉丁文有同样深厚的修养，先经过拉丁文的基本训练，再学希腊文，一年之后即可把所看的希腊文书籍译成拉丁文，忠实准确，人人夸赞。所以，应该让学生学习希腊文，但是不应采用希腊人通常的教法。应该让他们使用科里索洛拉编订的语法——他是我父亲的老师，或者使用我父亲根据科里索洛拉的语法所作的简编。（p. 280）

希腊文的师资不足，“文三”中也有反映：

学生掌握希腊文的基础知识之后，只要不是处处依赖教师的指点，即可获长足的进展。他们应该自学，以拉丁文的译本充作教师，把拉丁文的翻译和希腊文对照，借此扩充词汇。有些译文很好，尤其是《圣经》，以其中诗句核对希腊原文，音节不多不少。这样的文本最适宜自学之用。我认得一些深谙希腊文的人，就是靠这种方法无师自通。（p. 296）

三篇文章都要求学生的拉丁文符合古典规范，“文三”尤其锐意于此，由以下两条讲正音、正字即可见其认真不苟：

写字的时候，应该注意：如果一个辅音字母的前后有其他的辅音字母，这个辅音字母不能重复，但是l、f、r不在此例，比如effluo、effringo、suffragor。我们不说trassumo，而说transumo，尽管它是由trans和sumo两个字合成的。但是，三个辅音字母连写却是可以的，只要其中没有任何重复，比如obscoenus，sanctio，sextus（字母x顶两个辅音：cs或者gs）。介词ex跟以字母s开头的词结合时，省略s，比如：exurgo、exigo、exanguis、exectus；如果跟ex结合的词是以f开头的，x转换成f，比如effugio、effero、effringo。Ex跟其他的词结合，不做任何省略、转换，比如excurro、exquiro，expello、extendo、exlex。Exlex之外，未见有其他以l开头的词跟ex结合。有时不便使用ex作为前缀，则用介词e跟另一词结合，例如以d开头的词：educo，或是以辅音u开头的词：evoco、evacuo、eveho，或是以辅音i开头的词：eiicio，或是以n开头的词：enitor，或是以m开头的词：emineo，或是以r开头的词：eruo。（pp. 230—232）

昆体良以为，字母k没有用处，它的声音在所有的词里都由字母c表示。其实它还是有用的，譬如Karolus和kalendae这两个词用的就是k，而不是c。写正字对保持文化传统十分重要。传统不可背弃，不仅写字如此，一言一行都应如此。传统本自高尚而且有教养的人士，奉敬传统应该如同奉敬老师。疑问副词cur，写以c或者写以qu都行。但是，如果以qu写这个词，字母u必须复写，即写作quur。以r开头的希腊词语，发音当如嘘音h，比如rhetor、Rhodus、Rhadamanthus。Rhenus和Rhodanus也是同样发音。古代的日耳曼人和高卢人使用希腊字母，而上述几条河流是由希腊语得名的。（pp. 238—240）

其他诸如精读、笔记、复习、朗诵、同学之间的相互讲解，都有细密周详的安排：

不可满足于只听教师的讲解，还应该自己精读那些解释古典而且获得称赏的著作，其中警策醒人的说法，炼词炼句的力量所在，都要理解透彻，要像谚语所说“穷尽根源”。要留心寻找前未之见、而又写得贴切恰当的警句。自己在书上写评注，也是极好的办法，如果希望评注将来公诸于世，那就更好。以之延誉的事情，我们做起来总是加倍的小心。这样的写作练习可以使我们思想锐利敏捷，谈吐文雅得体，笔头酣畅不滞，还可以扩充我们的常识，巩固我们的记忆。再者，这些文字就是解释和评论的仓储，可资取用，可资备忘。（p. 294）

塞内加的悲剧有许多神话故事，又有许多警策感人的对话，毫无轻薄无聊之语，不仅可以指导生活，还可以丰富日常的谈吐。就词句的庄重典雅、措置得当而言，泰伦斯无人能比。西塞罗经常借用泰伦斯的语言，他的对话中的人物莱利乌斯，也坦承非常喜欢用泰伦斯的语言。所以泰伦斯的作品应该反复诵读，以求长记不忘。此外，我以为讽刺之王尤维纳利斯的作品同属重要，也应该记诵。只要谙熟这两位作家，在日常交往中就可以言辞自如，长谈不滞，而且对任何题目都有话可说。（p. 288）

值得长记或者平时少见的文字，尤其应当摘录。在不同的书里见到关涉相同的警句，可以标出并集录在一处，还可以效仿毕达哥拉斯师生的做法，每天晚上复习日间读书听讲所得的好文字，这样的做法有利于词汇丰赡，取用不竭。经过这样巩固的记忆，很难消失。如果每个月再定好一天，复习之前所学，记忆就会更加牢固。（pp. 294—296）

如果以为自己的学问将来无须证明，读书就会粗心马虎，不求甚解，如同俗话所说，从水浅的地方一蹚而过，脚上的泥都来不及洗干净，更不会往深处、细处探寻。如果想到当下所学就是来日所教，经眼的文字就不会有一处不留意，一处不推敲。每一件可能被问到的事情，他都会先跟自己商量一遍，尽力议论出一个究竟。要是能够对人讲解自己听过的课程，作为练习，则是最好不过。正如昆体良所说，教授你学到的东西，是最快的进步途径。（pp. 292—294）

学生经常同声朗诵，习惯养成，日后则勇于当众辩论陈情。我们知道今天许多人不具备这种胆量，其实即便是被西塞罗奉为‘雄辩术创始人’的伊索克拉底，也是于此有亏。传说他不善于当众讲话，没有讲稿的话，一篇辩词都说不出来。（p.298）

以上诸条，固然可以说明“文三”对语文教学的考虑周详。但是时隔数百年，掂量这些施行于往昔的细密安排，我们还可以想到一些别的事情。所谓文辞典雅、笔头酣畅，是一种门面外饰，有类于上文说到的意态风度，衣着打扮，是给别人看的。正确无误地使用古典语言，势必形成一个社会群体，把一些人包含在内，另一些人排除在外。称其为“群体”而不是阶级，是因为它的取舍标准不尽依赖于财产和家世。我们还可以想见当时的教师和学生的负担之重，想见他们的努力之勤。语言能力的养成在于习惯成自然，因此三篇文章都主张开初就要养成好习惯。但是“习惯成自然”是一个过程，旁人劝诫督促，自身作之不已，勉力而成，其实未必舒服，对于十几岁的富家子弟尤其如此。言行做派和内在涵养互为表里，这样的道理对他们来说太过抽象，更加容易调动的是荣誉感，也就是好胜要强、要人说好之心。这一点，三位作者都很明白。“文一”说得最多，开首即言：

尊敬的乌贝尔提诺，您的祖父弗朗西斯科多有嘉言懿行传世。我记得他常说，父母为子女打算，有三件易行而且应该做的事情。第一，命名要典正得当，以不雅的称呼做名字是一大憾事，不应小看……第二，要让他们长于名城，家乡富饶体面也是一件很要紧的事……第三，要让他们修习高尚的文化……就第一件事而言，您的名字不仅在家族中承传经世，而且此前不久，家族中第六位出掌大权的先辈正与您同名。就第二件事而言，您出生的城邦，民生民用殷实富裕，高尚文教无不昌盛，您出生的家庭是望族之首，令尊又是掌权之人，在他的领导下，城邦的繁荣和家族的声誉与日俱增。心怀对您的期许，感念您和您的家庭对我的关照，我高兴地看到，以令尊的督导和自己的决心，您正倾心竭力地修习高尚的文化。以上所说可望得自父母的三项恩惠，我不否认其中任何一项的重要。但是，名字由父母决定，故乡也无法选择，高尚的文化和品德，却是每个人自己可以获得的。（pp. 2—6）

又说：

通常而言，气质高贵的第一特征是爱惜荣誉，追求赞美，由之而生的好胜之心，高尚而不俗，由之而起的竞争，关乎美德美行，而不带嫉恨。第二个特征是对长辈欣然遵从，对忠告毫无抵触。优良的战马，既易于驱使，又勇于上阵，听见号角，就会双耳竖起，前蹄离地。有大器之望的少年，听见规劝，则诚心领受，听见表扬，则奋然向善。因为涉世未深，他们还不能以理性领会善的真谛，看见道德的真面目。道德的真面目，假如肉眼可见，将会激起对智慧的无限向往（柏拉图和西塞罗于此均有论述）。仅次于此的境界，就是受到荣誉和表扬的激励而努力向善……进一步说，勤于劳作，不贪安逸，凡事求对求好，是得天独厚。不妨再以马匹为例：号令一发，不待刺激鞭策，立刻踊跃向前，则是公认的好马。同样道理，时间一到，就自觉地拿起指定的功课，不须教师催促，就恢复稍经间歇的练习，这样的少年，尤其具备德行的禀赋。与其希望少年惧怕责骂和体罚，不如希望他惧怕丑行和丑名。怕出丑即是知耻，知耻即是好少年。（pp. 8—10）

类似的意思，之后还有重复：

其他的人地位低下，要想出名，必须具有极高的品德，付出极大的努力。然而，他们的缺陷也因其人之卑微而湮没不昭。君王显贵如果有值得夸赞之处——或许是因为美德少见于富贵，所以更加令人佩服，或许是因其富贵而万众瞩目——即便是细行小节，也会明显卓著；然而，他们的过失也很难掩藏，一旦为人所知，就不会长久讳言。（p. 40）

“文二”则说：

一旦掌握了修辞的规则，您就会尽力使语言庄肃驯雅，超越同辈。愿您出人头地，就像在其他获致美名的竞赛中一样。愿您以战败为苦，以战胜为乐。好胜之心本属非善，但是却往往激励人向德向善。为赞赏而兴奋，为失败而哭泣，为荣誉而欢欣，这样的少年最让人钦佩。（p. 176）

“文三”主张富家子弟就学，最好有人伴读，用意也在以好胜心促其勤奋：

为这些少年安排伴读，可以使他们以知为荣，以无知为耻，可以激发他们的竞争意识。高贵之人具有高贵的好胜之心。和人同做一件事情而落后于人，如同学步的幼儿，会使他们感到羞愧。（p. 266）

这些言论，字面上是刺激学生的阶级意识，但要说是强调个人价值，鼓励个人奋斗亦无不可。地位显赫未必就能奋发向上，贫寒卑微，自强不息往往更有过之。“文一”的第二段里有一句话：“受过高尚教育的人常常可以振兴卑微的门户，可以强盛弱小的邦国。（quibus rebus praediti et obscura suae gentis nomina et humiles patrias attollere atque illustrare consueverunt.）”可谓谈言微中。言行风范不认种姓，只要有心，人人可为。布克哈特指出，文艺复兴时期的意大利，社会文化有利于个人的发展。商业发达，溃决了传统的贵贱之隔，加以政治动荡，各个地区的掌权家族更仆迭兴，出身门第所赋予的特权较前大为减少。环境迫使个人，也鼓励个人尽其所能，以求自立自显。因而言谈举止，衣着打扮，种种社会交往和表现的方式都成为艺术，可以规范、传授，也可以创新、发展。[27] 现代的英美学者把这个文化潮流叫做“塑造自我”（self-fashioning）。三篇文章在当年广获传播，正是依靠这个潮流的载托。如今这个潮流既成以往，我们也可以从三篇文章中得到一些关于它的消息。

2011 年 12 月 7 日

附录：瓜里诺书信原文

录自 *Epistolario di Guarino Veronese,* a cura di Remigio Sabbanini, Vol. II. Venezia, 1916。见 *Miscellanea di Storia Veneta,* edita per cura della R. Deput. Veneta di Storia Patria, Serie III, Vol. XI，pp. 581—584，信件编号 862。

De proximo tuas una cum binis alteris gestatis in sinu litteras accepi, quibus miraris vel potius tacite mordes dictionem meam quibusdam ex epistulis meis quas olim paene puer lusi. Vocabula quoque nonnulla latini sermonis proprietatem minime redolentia et aliam loquendi atque eloquendi formulam prae se ferentia perpendis. Qua de re tuo de paterna scriptione iudicio gratulor; scriptis vero meis perinde ac ab inferis in lucem revolutis et ferme mihi ipsi incognitis nonnihil erubesco, quae post lethaeos haustus ad superos instar platonicae illius *παλιγγενεσίας* Mercurius alter revocasti. Hoc in loco virgilianum illud venit in mentem: «quae te tam laeta tulerunt saecula, qui tanti talem genuere parentes». Nam sicut infeliciter olim nobiscum actum erat, ut ad ineuntes usque annos nostros tantopere studia ipsa humanitatis obdormissent iacentis in tenebris, ut avitus ille romanae facundiae lepos suavissimusque scribendi flos emarcuisset et nescio quae «sartago loquendi venisset in linguas», unde acerbata erat oratio: sic aetas haec «felix sorte sua», de qua longius provehar, ut docente me temporum varietatem addiscas.

Ignorabatur «romani maximus auctor Tullius eloquii», «cuius ex lingua» penes maiores nostros «melle dulcior fluxerat oratio», a qua velut e speculo Italia dicendi formarat imaginem; solaque ciceronianae dictionis quondam aemulatio ac delectatio vehementem proficiendi causam induxerat. In eius autem locum longo post intervallo cum Prosperos, Evas Columbas et Chartulas irrumpentes quaquaversum imbuta absorbuisset Italia, quaedam germinabat dicendi et scribendi horrens et inculta barbaries. Uti beata quaedam tunc adorabatur ubertas, si quis ita dixisset: «Vobis regratior, quia de concernentibus capitaniatui meo tam honorificabiliter per unam vestram litteram vestra me advisavit sapientitudo». Inter has sermocinandi tenebras aliqua tamen ex naturae bonitate scintilla elucescebat, quae nullo duce caliginosum illum aerem avertere conaretur; nondum tamen, lippiscentibus oculis, illum avorum nostrorum splendorem ferre poterat; idque nobis obveniebat, quod e Germania proficiscentibus in Italiam percipiendae linguae latinae causa: qui si ad inculti et horridi oris populos divertant, imbibita locutionis sorde et spinosa verborum asperitate offendunt potius aurem quam alliciant; sin ad innatae facundiae et ingenitae dulcedinis linguas transmigrent, gustata mellitae dictionis suavitate cultus mox sermo suscipitur et vox ipsa cygnea.

Mercurius interea, ut poetae aut astrologi dicerent, immo, ut verius christiana de fide loquar, Mercurii creator Dominus et moderator deus nostram miseratus imperitiam Manuelem Chrysoloram misit ad nos, virum omni doctrinarum copia abundantissimum, in quo nescias scientiane magis an virtus eniteret: utrum in eo perpendas, altero maius dices; et profecto nec laude crescere nec taciturnitate minui poterit. Quocunque ibat, suus ut dies festus celebrabatur adventus:

gratus imperatoribus, acceptus pontificibus romanis, exoptatus populis veniebat. Diceres missum e caelo in terras hominem. Is delatus Florentiam quasi reflorenscentis eruditionis aupicium et magnificentissimae civitatis delectatus hospitio, ibi sedem habuit multis conditam honoribus nec parvis fructibus laetissimam; ut, quae artium egregiarum munditiarumque ac expolitionis parens altera semper extitisset, ea ex urbe coeperit, secuti Triptolemus alter, litterarum fruges per nostrorum ingenia dispertiri et nostrates ad colendum animare, unde germinantia late semina brevi fructus mirificos edidere. Sensim augescens humanitas veteres, ut serpens novus, exuvias deponens pristinum vigorem reparabat, qui in hanc perdurans aetatem romana portendere saecula videtur. Contigit igitur quod de suis civibus Tullius factum affirmat: «Post autem auditis oratioribus graecis cognitisque eorum litteris adhibitisque doctoribus incredibili quodam nostri homines dicendi studio flagraverunt». Huic itidem rei conducit scitum illud de Catone maiori testimonium: «Qui si eruditius videbitur disputare quam consuevit in suis ipse libris, attribuito litteris graecis quarum constat perstudiosum fuisse in senectute». Longa itaque desuetudine infuscatus ante latinus sermo et inquinata dictio Chrysolorinis fuerat pharmacis expurganda et admoto lumine illustranda.

Ne feras gravate, Nicolae fili, si resurgentis disciplinae limatioris originem et paternam commonstro diligentiam simul et peregrinationem, quam ipse per aetatem ignorabas, ‹ut› et posteris prodas et ad studia calcar accipias. Seniori deinde Mediolani duci Iohanni Galeaz augustae sane dignitatis principi Manuel mirum desideratus in modum et grandioribus accitus praemiis fuit, quia suorum familiarium honestamento solus ille cumulus deesse videbatur et laudi, cum dux ipse incredibiliter gloriae avidus esset. Eo dehinc mortuo redeuntem in patriam Chrysoloram subsecutus sum, ut discendi ardoribus anhelantem instrueret erudiret informaret, modo id assequi potuissem. Hoc in tempore, ut initio dixi, cantare virgilianum potes illud: «Quae me tam laeta tulerunt saecula», in quibus politiora iam studia non solum nostrates sed etiam exteras nationes occupant. Ad paratam, ut dicitur, mensam accessisti, ubi reiecto putamine mundum ac delicatum nucleum esse potuisti. Post tot percursos oratores et poetas aliosque scriptores, qui ubique iam leguntur, emendatum purissimumque nactus es sermonem; quae quidem ab exordio res mihi nequaquam obtigit. Iam non hominum sed aetatis laus esse incipit, ut diserti dicantur latinaque sermocinatio; nec tam bene dicere commendatio est, quam male convitium; plusque latine nunc loqui decet, quam pridem barbare dedecebat.

Eapropter, carissime fili, siquid improprie inerudithque scriptum a me olim fuisse deprehendis, cogitare debebis id prioris saeculi vitium et depravatum fuisse morem. Proinde tu quasi balbutientem patris infantiam risu complectaris, quam derideas aut contemnas; nec vero lactentibus de labis eruditionem exigas, quam adulta et grandior profiteri debet aetas. Nonne, «si parva licet componere magnis», vides alio Ennium alio modo cecinisse Virgilium? alio item Censorium alio genere orasse et scriptitasse Ciceronem? non eo Fabium Pictorem modo quo T. Livium res gestas posteritati commendasse? Sic qui blaese balbeque mutire puer impune solitus erat, idem graviter et ornate dicere iam potest.

Haec sunt quae tecum vertens mirari de meis iam scriptis desines et varietatem censorio non insectaberis iudicio. Vale.

---

1 Craig W. Kallendorf, ed. and trans.. *Humanist Educational Treatises. The I Tatti Renaissance Library* . Cambridge, Mass: Harvard University Press, 2002。

2 参看 Georges Duby. "The Diffusion of Cultural Patterns in Feudal Society." *Past & Present* 39 (Apr., 1968) ：pp. 3—10。文章并未涉及人文主义，但就 14、15 世纪欧洲文化风气、趣味好尚的升沉举例很多。

3 Jacob Burckhardt. *The Civilization of the Renaissance Italy.* Trans. S. G. C. Middlemore. London: Penguin Books, 1990: p. 143。

4 Craig W. Kallendorf，前引书：Introduction, ix。

5 《牛津英文词典》(*OED*)，liberal（形容词）条，义项 1 的释义是：Pertaining to or suitable to persons of superior social station，并引 18 世纪 Samuel Johnson 释义，更为简单明了："becoming a gentleman"。该义项 1776 年用例即是 liberal professions，引自斯密《国富论》。以此可知 liberal occupations 译为"自由职业"失其本旨。

6 Lucius Annaeus Seneca. *Ad Lucilium Epistulae Morales*（with an English Translation by Richard Gummere）. *The Loeb Classical Library.* London: William Heinemann, 1920：Vol. II, p. 348。

7 Jacob Burckhardt，前引书： p. 136.

8 见 Robert Black. "Education and the Emergence of a Literate Society". *Italy in the Age of the Renaissance.* Ed. John M. Najemy. *The Short Oxford History of Italy.* Gen-

eral ed. John A. Davis. New York: Oxford University Press, 2004: pp. 18—19, 25。参看：Lauro Martines. *The Social World of the Florentine Humanists:1390—1460.* Princeton: Princeton University Press, 1963, pp. 101—102, 106。Gene Brucker. "Florentine Voices from the Catasto, 1427—1480". *I Tatti Studies: Essays in the Renaissance.* Florence: the Harvard University Center for Italian Renaissance Studies: Vol. 5 (1993), pp. 11—32。

9 Desiderius Erasmus. *On Good Manners for Boys.* English translation by Brian McGregor. *Collected Works of Erasmus.* Ed. J. K. Soward. Toronto: University of Toronto Press, 1985: Vol. 25, pp. 278, 274。

10 Lucius Annaeus Seneca. *Moral Essays* (with an English Translation by J. B. Basore). *The Loeb Classical Library.* Cambridge, Mass: Harvard University Press, 1979: Vol. II, p.448, p. 454。

11 Valerius Maximus. *Memorable Doings and Sayings.* Ed. & tranl. D. R. Shackleton Beiley. *The Loeb Classical Library.* Cambridge, Mass: Harvard University Press, 2000: Vol. I, p. 134。

12 同上：Vol. I, pp. 494—496。

13 各条注释的质量并不一致，似乎欠妥的例子可见"文一"注 14、注 96、注 102。编者凯伦道夫在 311 页有一段说明，总括指出采用的原始注释出自 Gnesotto，Hankins，Wolkan， Nelson，Garin 诸家，编辑时曾经细加考证并且有所增益。但是每条注释中刊落古典渊源最先是何人发覆，使读者无从归美，也无从归责。这应该不是很难的事情，校勘注里就逐条指明甲本作何，乙本作何，并不见费篇幅。L. D. Reynolds 与 N. G. Wilson 合著的 *Scribes and Scholars* 讲述希腊、拉丁古籍承传的历史，几经修订再版，已成为专业工具书，其中指出人文主义者整理古籍的一大失误，是在誊清、过录典籍之后丢弃所据的抄本，等于在发掘、赓续历史的同时，又割断了历史。(Oxford: Clarendon Press, 3rd edition, 1991: pp. 139—140) 以此衡量，这套出处注或有可以改进的地方。

14 Lucius Annaeus Seneca. *Moral Essays* (with an English Translation by J. B. Basore). *The Loeb Classical Library.* Cambridge, Mass: Harvard University Press, 1928: Vol. I, p. 446。

15 Quintilian. *Institutio Oratoria* (with an English translation by H. E. Butler). *The Loeb Classical Library.* Cambridge, Mass: Harvard University Press, 1996: Vol. I, pp. 190—194。

16 同上：Vol. I, pp. 216—220。

17 同上：Vol. III, pp. 302—304。

18 同上： Vol. I, pp. 80—82。

19 同上： Vol. I, p. 130。

20 同上： Vol. I, p. 132。

21 同上： Vol. I, p. 133。

22 Jacob Burckhardt，前引书：p. 177。

23 见同上：pp. 154—158。

24 Quintilian，前引书： Vol. I, p. 314。

25 Cicero. *Tusculan Disputations* (with an English translation by J. E. King). *The Loeb Classical Library.* Cambridge, Mass: Harvard University Press, second edition, 1945, p. 74。

26 见 Paul F. Grendler. *Schooling in Renaissance Italy.* Baltimore: Johns Hopkins University Press, 1989, p. 123。

27 见 Jacob Burcknardt，前引书：pp. 230—270。

书　评

人口与社会

——读马尔萨斯《人口原理》

孙飞宇

对于马尔萨斯这样一位处于18世纪、19世纪之交的英国人来说，在思考人类社会改善这一类宏大问题的时候，所面临的是一个复杂的社会世界与思想世界。当彼之时，霍布斯鲍姆所谓开启了现代性的二元革命——工业革命和法国大革命已经爆发。其间可视为时代特色的主流精神气质，是由孔多塞和葛德文等人所代表的现代启蒙运动式的雄心壮志。与之相应的，当然是笛卡尔在哲学领域、牛顿在自然科学领域的工作所带来的影响：对于确定性的、客观的知识的信念和追求，以及对于理性的坚定信仰。而在另一方面，在罗杰·豪舍尔和以赛亚·伯林看来，在欧洲思想的历史之中，却也有着一股反潮流的思想线索，一股由傅立叶、蒲鲁东、克尔凯郭尔、尼采、托尔斯泰等人所构成的19世纪的“躁动不安的伟大的反叛者”的传统。这些反叛者所质疑的，乃是18世纪和19世纪的核心价值观：自由主义的理性主义、世界大同、科学以及进步，等等。这些“反叛者们”各自不同的主张，如果说有某种共同特点的话，那就是“某种有关自我和自由行动者的内在知识，某种无法消除的、特殊而具体的认同感”[1]。这一传统，在上述主流思想史之外，构成了一股我们在 20 世纪结束之后，21 世纪的初期来反思启蒙运动的时候，必须要去面对的遗产。

而托马斯·罗伯特·马尔萨斯，丹尼尔·马尔萨斯之子，正是在这样两种思想史传统之间，以《人口原理》一书，获得了其复杂而丰富的历史性面向。

一

《人口原理》一书的第一版名字叫做《人口原理，人口对社会未来进步的影响，兼评葛德文先生、孔多塞先生和其他著述家的推测》。正如李宗正先生为本书的中文版所做的书评所说，本书的历史背景，正是伴随着上述思想史潮流的英国和欧洲的早期现代化进程。自圈地运动以来，随着英国失地农民的不断增加，出现了人口过剩的现象。失地农民们或者成为流浪汉，或者成为雇佣工人。总而言之，一种流动人口的现象开始出现。而在 18 世纪末的英国工业革命，促进了英国的经济发展，同时为物质产品的丰富，人口增加和大规模失业人口的出现提供了基础。英国的工业化与城市化迅速发展起来，而城市化过程中的种种问题也随即暴露。

在此种背景下所爆发的 1789 年法国大革命，在英国的思想界引发了两种反应。无论是对旧制度的支持者，还是反对者，所讨论的焦点都在于如何使得社会达到一种至善的状态。以葛德文和孔多塞为代表的启蒙运动和法国大革命的支持者坚信理性的法则，相信在宗教社会之后，人类可以通过自身知识和理性的充分发展，而达致一个普遍意义上的美丽新世界。而这一乐观主义，正是马尔萨斯在写作《人口原理》一书时，所直接面对的思潮。

所以在《人口原理》第一版的开端，马尔萨斯即坦承，他是由于法国大革命所引起的政治争论而提出人口问题的。这一政治争论与社会之“善”有关。马尔萨斯开篇明义：本书的写作由来，乃是对于“社会的未来改善这一大问题”的思考。[2] 也即，本书主旨并非是后来人口学意义上的人口问题。人口问题只是一个更加宏观问题的善之问题的组成部分。所以对于本书而言，首要问题就是，社会改善的问题是如何与人口原理关联起来的？

本书共十九章。在前面的七章中，马尔萨斯就当时思想界争论的问题提出了自己的看法，随后对孔多塞和葛德文两人的思想进行了评论。在十七章之后，马尔萨斯的讨论进入了经济学的范畴，但是仍然没有脱离对于善的讨论。自始至终，马尔萨斯在本书中所关心的核心问题，也即当时思想界论争的核心问题仍然是：人类社会能否改善至理想状态？如果不能，人类如何能够达到一个比较善的状态？

针对这类问题的论争，马尔萨斯提出了两条公理：

> 第一，食物为人类生存所必需；第二，两性间的情欲是必然的，且几乎会保持现状。

从这两条公理出发，马尔萨斯提出了如下命题：“人口的增值力无限大于土地为人类生产生活资料的能力。”

马尔萨斯认为，不受抑制的人口会以几何比率增加，而生活资料则只会以算数比率增加。根据第一条公理，人口增殖力与土地生产力是要保持平衡的。这就意味着，“获取生活资料的困难会经常对人口施加强有力的抑制。”而从整体的视角看来，“这种困难必然会在某地发生，必然会被很大一部分人口强烈地感觉到。”（马尔萨斯，1992：8）从这一推论出发，必然会得到全体人类之无限完善的不可能性。

为了进一步证明这一基本命题，马尔萨斯提出了三个命题。它们分别是：人口无生活资料便无法增加；有生活资料，人口便会增加；占优势的人口增殖力因产生了贫困与罪恶而受到抑制。随后，马尔萨斯通过对各个民族和地区的历史回顾论证了自己的观点：人口的增长导致了食物的匮乏，产生了贫困，罪恶也随之而来。所以，对人口增长的抑制就成为社会完善所需要采用的方法。马尔萨斯提出了两种抑制办法：预防性的抑制和积极的抑制。预防性的抑制，是“指人们对养家糊口的忧虑”；而所谓积极性的抑制，是“指一些下层阶级实际所处的困难境地，使他们不能给予子女以应有的食物和照料”。（马尔萨斯，1992：26）值得注意的是，在马尔萨斯看来，无论哪一种抑制的方法都不能彻底消除贫困以及罪恶，而只能缓和这两种人类生存的境况。也就是说，贫穷与罪恶是社会的固有疾病，人可以以一定的技术和策略来缓和，但是无法彻底消除。

对于人口问题的讨论只是本书的部分内容。在随后的章节里，马尔萨斯首先批判了孔多塞人类社会可以达致至善的观点，再一次强调了人类社会的不可完善性以及将人类一切的罪恶归于人类制度这一做法的不妥。在随后对葛德文的批评中，马尔萨斯提出，人类是可以完善的并不等于改善人类的努力总会成功。人类是可以不断完善的，但是人类却不会得知这种完善的确切界限，也就是说，人类社会的最终完善是作为社会的个体所看不到也做不到的。所以总体而言上，马尔萨斯对于人类社会的进展具有一种“忧郁的色调”，而在他看来，这乃是现实的反映，并非个人的性情所致。

二

毫无疑问，马尔萨斯清楚地认识到，在他的时代，人类社会正在“跨入一个充满了重大变革的时期，这些变革将在某种程度上决定人类未来的命运”（马尔萨斯，1992：3）。所以如何在政治和社会层面上来应对这些变革，就显得尤为重要。

在《人口原理》初版之时，英国仍在实行1601年伊丽莎白女王所颁布的济贫法。马尔萨斯并不赞成此类法律。在他看来，此类福利性法律一方面使得人口趋于增加，而食物却不见得增加。另外，济贫院所收容的人，在马尔萨斯看来，“一般不能说是最有价值的社会成员”，然而他们消耗食物却不见得少。马尔萨斯在此提出废除教区法，开发新地，增加农业，设立济贫院，收容贫民，强迫有工作能力的穷人工作。在本书中，马尔萨斯明确表示出了对于济贫法以及福利政策的拒斥，和对于竞争的推崇。因为济贫法可能帮助了一部分贫民，然而却远未能使绝大多数的人摆脱贫困：“应该形成一种风气，把没有自理能力而陷于贫困看做是一种耻辱，尽管这对个人来说似乎很残酷。对于促进全人类的幸福来说，这种刺激似乎是绝对必须的，任何削弱这种刺激的企图，不论其用意多么好，总是会产生事与愿违的结果。”（马尔萨斯，1992：54）1834 年英国实行新的济贫法，实际上采纳了马尔萨斯的主张。

不过，马尔萨斯的眼界绝非仅限于制度层面。恰恰相反，制度层面的讨论只是马尔萨斯在本书中的起点。在此，马尔萨斯敏锐地将竞争放在了制度改良的背景之下来讨论社会改善的问题。马尔萨斯批评葛德文的要点，就在于坚信制度的改变并不能够带来人类社会截然和彻底的改善。葛德文将人类几乎所有的罪恶和贫困都归咎于制度。然而马尔萨斯指出，人类社会有其自身的规律和法则。这些规律、法则与个体的人性不同，也与宗教上所谓的原罪不同，而是一种社会层面上的机制。这一机制总会使得完美的社会工程学式的制度设计，有陷于贫困与罪恶之虞（马尔萨斯，1992：80）。也即，马尔萨斯并不认为通过某种彻底的制度改革，就可以获得一个社会的至善状态。所以对于马尔萨斯来说，人类社会之改善的可能性，就只剩下了一种选择：对于规律的掌握，以及在此基础之上的制度设计和政策制定。

人口的增长受到抑制的机制，在于自然法则。而人类的应对之道，也即两种抑制又分为：道德抑制、罪恶，以及苦难。对于马尔萨斯来说，所谓的道德抑制有着重要的意义，即“出于谨慎考虑，在一定时间内或长久地不结婚，并在独身期间性行为严格遵守道德规范。这是使人口同生活资料保持相适应并完全符合道德和幸福要求的唯一方法。所有其他的抑制，无论是预防性抑制还是积极抑制，尽管它们程度上差别很大，但都可以归到罪恶和苦难上去”（马尔萨斯，1992：179）。

而一个政府开明与否的标志之一，在马尔萨斯看来，就成了是否能够通过道德抑制，来避免人口的急剧增长，因为“只有对人口增长的预防性抑制能取代巨大的苦难和大量的死亡”（马尔萨斯，1992：181）。由此，马尔萨斯完成了其复杂的关于社会改善的讨论。这一讨论之所以复杂，是因为马尔萨斯既不赞成人类未来可以达致至善的乐观理性主义精神，同时又认为人类社会有其内在的普遍规律，对于规律的掌握可以使得社会不断改善；既反对简单化的理性主张，又坚持通过理性（甚至是科学技术）来改造人类社会的可能性；既以神正论的态度来面对人类之恶，认为它是使得人类进步的刺激之物，同时又以避害趋利的个人幸福作为社会改善的目标。然而正是这些复杂的面向，使得马尔萨斯成为了一个在我们今天反思社会思想的传统时，必然要去面对的经典思想家。

三

对于德国的知识分子沃尔夫·勒佩尼斯来说，当他在法兰西学院的讲坛上回视欧洲历史中的知识分子和精神政治的时候，马尔萨斯似乎占据了一个可以被称为“现代性”的思想史的起始位置。说得更为具体一些，即马尔萨斯在其《人口论》中，史无前例地将保持人类世界的“平衡力”的重大职责，赋予了人类自身。发生于1755年的里斯本大地震，造成了32000人的伤亡，并动摇了欧洲当时所盛行的乐观主义。然而，在马尔萨斯看来，在40

年之后，即在他发表《人口论》之时，这一地区的人口令人震惊地迅速恢复到了震前状态：地震，作为一种灾难，似乎再无法履行其职责。人类数量平衡的重大职责，由此交付到了人类自己手中。即，人类必须自己采取某些策略，以确保人口数量与自然资源的平衡。

勒佩尼斯对于马尔萨斯的总体评价毫无问题：马尔萨斯的确希望人类自身能够运用某种积极的策略，来避免人口的增长超出自然的承受能力，并因此而避免贫穷和罪恶。当大地震、洪水等自然界的天灾都无法控制整体的人口增长时，人类社会自身的法则开始发挥作用：人类社会的贫穷和罪恶，开始取代自然界，而发挥起控制整体人口的作用。然而人类在面临这一境况之时，并非无计可施。人类仍然可以通过道德性的措施，来避免人类之恶。恶之存在本身，在马尔萨斯看来，正是激发人类奋勇向前的动力，也正是缓解恶的基本可能性所在：

> 世上存在着恶，不是为了使人悲观绝望，而是为了刺激人的活动。我们不应忍受和屈服于恶，而应尽力避免恶。竭尽全力消除自己身上的恶并尽可能在自己影响所及的范围内消除恶，不仅是每一个人的利益所在，而且也是每一个人的义务。(马尔萨斯，1992：151)

不过，对于这样一个判断的进一步理解，必须要放置在社会思想的传统下来进行。在标准的帕森斯式的社会思想传统中，马尔萨斯所承接的问题，乃是在 17 世纪前后变得世俗化了的社会思想的中心问题：社会秩序的根据问题，或者说，社会的可能性问题。这一问题，“特别表现为在与国家强制性权力联系在一起的权威性控制之下的个人自由的范围问题”（帕森斯，2003：99）。而与这一问题的出现相并出现的，在帕森斯看来，乃是两种在后来成为社会科学基本思考范畴的思考方式：将人的行动与其社会条件结合在一起的决定论式思考方式，以及受到牛顿的经典物理学的影响，将上述社会条件的决定论法则与自然界的决定论理论等同起来的倾向。这一思考方式的典型表达，即为霍布斯关于自然状态就是“所有人反对所有人的战争”这一著名的关于社会秩序之可能性论断。霍布斯这位“非典型性的”社会契约论作者（麦克里兰，2002：222），首次提出了理性的功利主义者在其自然状态中的种种不堪。而与其相应的，是霍布斯对于一个世俗权威的主张。这一主张随后遭到了许多人，包括洛克和卢梭的反对。然而，针对启蒙时代的理性—乐观主义，马尔萨斯通过对于社会自身运行规律的考察，在法国大革命之后，重新提出了霍布斯的问题。

与前述马尔萨斯对于葛德文的批评相对应，马尔萨斯也不赞成启蒙运动对于人类自身的信心：人可以发展成为某种全然理智的动物。这一主张，在当时关于政治义务和政治权威的讨论之中，正如帕森斯所指出的，“很容易发展成为无政府主义的一种形式”（帕森斯，2003：116—117）。而在稍后秉承着个人主义的经济学家们，则将此种理性人的假设，直接视为是某种具有积极社会作用的竞争模型的前提。

在马尔萨斯的理论中，废止人类现有社会制度，依据每个人的追求自我幸福的本性来活动的人类社会，必然会陷入到饥饿的境地。而在饥馑面前，霍布斯的自然状态就成为了必然的选择。

正是在这一意义上，马尔萨斯才得出了他自己的结论：赞成在制度背景之下的竞争。竞争，只有在具备了一定的规范性秩序的背景之下，才能达到社会改善的目的。马尔萨斯的这一规定，实际上隐藏着他的另外一条思考模式。在帕森斯看来，正是这一思考模式，才使得马尔萨斯得出了他那骇人听闻的结论。这一思考模式，即“实证主义的反智主义（positivistic anti-intellectualism)”。马尔萨斯以生物学的方式，来展开他自己关于人类社会的讨论，可以看做是在19世纪的社会学早期主要特征的开端：用生物学的方法，来解释人类行动。

这一思考方式在达尔文那里达到了极致，并影响了早期的社会学主义。不过，对于马尔萨斯这位“慈善心肠的功利主义者”（帕森斯，2003：125）来说，达尔文主义显然过于极端。在马尔萨斯看来，社会性的竞争必须要置于某种福利性的政策背景之下，才能达到预想的目的。不过，正如沃尔夫·勒佩尼斯所说，马尔萨斯在对于社会之可能性的这类传统问题的讨论中，还是预示了另外一种已经悄然兴起的思考方式：将人类自身视为思考的客体，作为政策和制度执行的对象，以人类自身的力量，来达致社会改善和进步的实现。而与葛德文等人简单的乐观主义不同的是，这一人类自身的改善行为，必须要以对于社会之“客观规律”的尊重而非改造为前提。

对于马尔萨斯来说，既然已经发现了人类所遭遇的苦难的现实来源即社会，那么基于社会内在规律的社会学思考，自然可以成为人类自我改善的基础所在。在这一基础之上，如上所述，将人口问题作为对善的问题的入手点，可以追溯至启蒙以来的现代性思潮。就思想史层面上来说，我们当然可以将本书作为由笛卡儿开始的，思考与人类自身之疏离传统的一个定型标志。在此，无论是人类整体还是单个的生命本身，都已明确的作为客体进入思想之中。对于个体而言，人本身成为值得观察、审视和理解的客体；对于国家而言，人类社会作为一个整体，因其数量性而开始成为实实在在可把握的，可操作的客体。牛顿关于自然力的解释，开始被应用于社会层面上，来理解人类群体的整体性结构变化。而这一客体的群体性结构，对于国家的经济和政治都至关重要，并因此而成为国家政策必须要加以审视和筹划的对象。这正是后来的福柯用以追溯和理解现代人之形象与界限的起点。

人类自身，已经在马尔萨斯式的努力之中，同时拥有了两种现代性的形象：无论是在精神还是在肉体上作为客观研究的对象，以及在可能更为实质的层面上，成为衡量事物和世界的标准。正如弗洛伊德通过重新诠释古典神话俄狄浦斯的故事，而揭示出的现代性斯芬克斯之谜的谜底一样：人，成为了所有无限神秘的谜语之终极的谜底。

参考文献：

伯林，2002，《反潮流：观念史论文集》，冯克利 译，南京：译林出版社。

马尔萨斯：《人口原理》。

帕森斯，2003，《社会行动的结构》，张明德、夏遇南、彭刚 译，南京：译林出版社；

麦克里兰，2003，《西方政治思想史》，彭淮栋 译，海口：海南出版社。

沃尔夫·勒佩尼斯，2011，《何谓欧洲知识分子》，李焰明 译，桂林：广西师范大学出版社。

---

1 参见罗杰·豪舍尔为伯林的《反潮流：观念史论文集》所作的序（伯林，2002：38）。

2 “当前争论的重大问题是，人类究竟是从此会以加速度不断前进，前景远大得不可想像呢，抑或注定要永远在幸福与灾难之间徘徊，做出种种努力后，仍然距离想要达到的目标无限遥远。”（马尔萨斯，1992：3）

文字与心史

——解读乡绅刘大鹏及其《退想斋日记》

杨清媚

生活在清末山西的乡绅刘大鹏断不会想到，自己的日记在其逝世半个多世纪之后会在中外史学界引起轰动。他从1890年开始写日记，直到临终之时连续记录了51年，现在尚存跨度达41年的日记。《退想斋日记》的时间跨度是从1891年至1942年。其内容芜杂丰富，从自己家事、乡里之事，大至国事、天下事，无不牵涉，甚至还有很多传闻性的消息。1990年山西史学界的乔志强先生把这本珍贵的史料整理出来，使得刘大鹏当年所思所感能够再次呈现于世人眼前。1995年前后，围绕这本日记的讨论形成了高潮，刘大鹏的生活时代和社会变局成为社会史研究视野中的一个焦点议题；一直到2010年仍有相关研究文章问世。[1]

在这些研究中，大多数研究者都将注意力集中在日记的内容上，试图从这本日记中获得对时代转折下乡土社会与绅士生活的直接了解。而我认为，刘大鹏作为一个乡土社会底层的读书人，固然可以为我们呈现近代乡土社会的衰落和侵蚀，但是，仅把他当做资料来进行剖析或许是不够的，我更想去关注他的写作这个行为本身的意义；也就是说，我希望从文字的角度去理解他对晋河流域的历史书写以及其中寄托的他内心的想法。从这个角度来说，本文的重点不在于处理史料的真实性辨析，而在于刘大鹏一生不断以文字来表达底层乡绅对于乡土社会和历史的理解。

一、国家与社会结构中的乡绅：对刘大鹏日记已有的研究

在现有的关于刘大鹏日记的研究中，罗志田、行龙和沈艾娣（Henrietta Harrison）比较受关注。

罗志田的研究发表较早，率先开出了《日记》研究的一些新局面，促使学界的关注点从最初的史料考据转入社会史讨论，也影响了后来的行龙等人。[2] 他提出科举之废对身处内地的刘大鹏之影响，并非类同于资讯更发达的京师和港口城市；相对于在后者中的学术思潮无形中继承了“洋世界”的关怀，刘大鹏眼中的世界并不与此同步，而更多保留“士”的心态，显得更为保守。由于时代变动致使原有的社会上下流动渠道失效，诸如刘大鹏这些绅士被抛弃，“四民社会”瓦解。[3]

罗志田所提出的这个社会变局和绅士心态固守之间的矛盾，其后为行龙进一步发挥。行龙作为乔志强先生的弟子，曾随其导师做了很多《日记》相关资料的抢救、复原和研究工作。他对刘大鹏的生平事迹梳理得相当详尽，试图从刘大鹏的每一个人生转折的当口寻找对应的社会史原因，以及刘大鹏自身的原因来作综合解释。在行龙的叙述中，刘大鹏一生所经历的科考、教书、耕

读、经营煤矿、编写方志等事件，由于社会政治经济环境日益恶化，大多以失败告终，但是无论舌耕为业，还是由“耕读为业”转为“亦农亦商”，这位挣扎在乡村社会底层的读书人始终保持自己“绅士”的归属感。这种归属感主要来自两个方面，一是礼仪和伦理的承担，一是对地方文化的承担。[4]

但是，行龙的研究中仍存在一些问题。首先，他通过刘大鹏来思考绅士阶层在社会转型中的特点，却忽略了“绅士”只是个笼统的说法，实际并不能涵盖所谓“四民社会”中的“士”阶层。刘大鹏乃是当地最底层的读书人，在他之外，太原晋祠一带城镇和乡间还有不少世居的大族，其家世名望远胜于刘氏。刘大鹏在日记中的郁郁不得志其实有与这些人物的对照在；而在现实面前，他如何才可能将自己“归属”于这些人物的同类？其次，如果我们假设绅士阶层本身能够完全实现对基层社会的政治、经济、伦理、文化的全部承担，那么刘大鹏的人生经历恰恰不能说明这一点；而如果我们将其不能实现仅仅解释为社会现实的原因，那则表明这一假设实际是无法论证的，因为在现实中找不到证据基础。最后，刘大鹏始终牵挂的科举制度背后，有士人政府对整个国家政治的作用，这条线索作为刘大鹏生活与思考的依据之一，也并没有得到充分揭示。

这些问题在罗志田当时的文章中同样没有得到解决。近10年之后，罗志田再次通过刘大鹏，进一步探讨科举废除与社会结构的关系。他认为，科举制在中国社会结构中实起着重要的联系和中介作用，它上及官方之政教，下系士人之耕读，使整个社会处于一种循环的流动之中；科举制度废除使社会的循环流动在相当大程度上已经中止，知识分子不再还乡，中国的城乡渐呈分离之势。另一方面是使得绅士与书本知识疏远，这关系到绅士的素质下降，还关系着道义约束的减弱，乡村社会便容易出现土豪劣绅；乡村逐渐成为无知识之地，也开始一种无士的自治生活。[5]罗志田将政教与伦理分开讲，指出地方绅士素质的变化主要是在伦理道德上的败坏使乡村社会衰弱，连带也将影响中国整体的变化，这一点还是很有启发的。但他因此下结论说乡村因而成为无知识之地却也未免太早。刘大鹏本人便是通过他自己的文字，把道德化的晋祠历史流传至今的。我们更不能简单地说，随着绅士的逝去，这个历史便也随之终结，事实上即便在今日田野里仍旧能看到续写乡邦历史的大有人在。

而科举制度在清代究竟是否像罗志田想像的那么美好是值得再加探讨的，“八股取士”对思想禁锢的控制力即便在当时的士人中间也不乏抵制者。诸如明清之际的山西名士傅山，便对科考以死抵制，甚至拒绝康熙皇帝的召见。清代山西学术圈非常活跃，除了傅山之外，尚有一批金石学、考据学的大家，如阎若璩、朱彝尊、曹溶等，还有曾行游至山西的顾炎武。[6]这批生活在清前期的士人给刘大鹏留下的道德学问遗产，不能说是毫无影响的。刘大鹏正是浸淫在这种氛围之中。他的业师刘竹授课“初来学者先授以《孝经》、《朱子》、《小学》，继而授《近思录》、《性理精义》、《理学宗传》，并先儒一切语录等书。教之躬行实践，力戒浮华。其无益之书，禁不使阅”。[7]同时刘竹本人书法甚佳，所作《晋祠图》是得到地方士人公认的名作。刘大鹏从刘竹学习16年，得其书法、经史指点不止一二。这背后的学问道统继承或多或少承前余绪。

刘大鹏本人在听到科举取消之后“心如死灰”的表现，并非仅在“生业已绝”，更重要的是，“科考一停，士皆殴入学堂从事西学，而词章之学无人讲求，再十年后恐无操笔为文之人矣，安望文风之蒸蒸日上哉！”[8]科举不复，儒学在国家体系中制度化的正统地位便容易被冲击殆尽，伦理道德的安身之处亦岌岌可危。问题在于，乡村社会本身有其多元杂糅的道德体系，并不非要依赖某种“正统”的教化才维持存在，纵观刘大鹏的日记，我们可以看到，尽管他并不承认地方上的宗教信仰有其道德性，但是他却无奈地发现，这些祭祀仪式年复一年地周始，连同他自己的生活也包容进来，而他几乎无法对之作出任何改变。

在“刘大鹏热”兴起的同时，英国学者沈艾娣亦曾亲自赴太原考察，并于2000年之后陆续发表了相关研究。她在新书中把刘大鹏的人生史分成“撰述者”、“儒生”、“孝子”、“民众代表”、“商人”和“老农”6种身份，从儒家观念来分别解释刘大鹏这6个面向，并一一考察这些理念如何指导刘大鹏的实践，又如何面对社会现实的困难。在她笔下，刘大鹏虽然看似身份多样、面目丰富，但实际内心十分单一，是一个最终要维护儒家道德的破落绅士。他不如意人生的展开，伴随着地方社会的伦理步步衰落，终究为新时代所淘汰。[9]沈艾娣这个论点显得过于生硬呆板，试图从外部的行为来把握刘大鹏在世事变迁中的复杂心态，实际对其思想的触及是片面的，并不能真正解释何以刘大鹏在这么艰难的生活中，唯独写作这一件事情是他一生的最后归宿。

综上讨论，刘大鹏留给我们的心史仍有待探查。在下文中，我们拟从文字的角度初涉这一问题。

二、刘大鹏的人生与写作

刘大鹏生于1857年，卒于1942年，一生跨越清末民国两个时代。他字友凤，号卧虎山人、梦醒子，山西省太原县(今太原市晋源区)赤桥村人。1878年考取秀才，1881年进太原县桐封书院，次年又到省城太原的崇修书院读书，1894年中举人，此后1895年、1898年、1903年三次参加会试均未中。1895年参加会试时发生的公车上书事件，他似乎参加了，但现有资料并未能充分证明他在其中有何重要作用；1898年6月大约在戊戌变法前夕他因会试滞留在京，在日记中他写自己与同乡京官和士子的交游经历，似乎并不关注酝酿中的思想革命，随后即离开北京返回山西。也就是说，无论是自觉还是不自觉，当时已过不惑之年的刘大鹏远离政治舞台的中心，也远离思想激进派。

从1886年开始，刘大鹏在山西省太谷县南席村票号商人武佑卿家塾中任塾师近20年，期间经历了1905年的科举制度废止这一重大社会变革。刘大鹏在日记中说自己听闻这一消息后，“心若死灰，看得眼前一切，均属空虚，无一可以垂之永久，唯所积之德庶可与天地相始终。但德不易积，非有实在功夫则不能也”[10]。刘大鹏这时眼看过去出仕道路已毁，之前5次参加会试的微弱希望已经彻底没有了。叔孙豹讲人有立德、立功、立言三不朽[11]，刘大鹏所寄托的“德”，在他后来的人生实践中，似乎只有以言立德最为成功。

1914年后，刘大鹏陆续当过县立小学校长，经营管理小煤窑八九年，自己还耕田做过农活。1908年山西省谘议局成立时，刘大鹏由太原县推选，担任议员，民国以后曾任县议会议长、县教育会副会长、县清查财政公所经理和公款局经理等职务。然而这些事情都没有能坚持多久。他背后并无宗族势力支持，作为家中的独生子，必须一力负担全家人生计，是以始终面临着生存危机，在温饱线上挣扎。

相比之下，刘大鹏对地方志投入的精力和成果相当引人注目。他从 1902 年开始修《晋祠志》，5 年成书，全书四十二卷，有祠堂庙宇、亭榭、山水、古迹、宸翰、祭祀赛会、金石、乡校、流寓、人物、河例公案、文艺、植物、故事、杂编等多项内容，几乎汇集历代全部与晋祠有关的文献记载和民间故事。[12] 此外，还修有《晋水图志》十三卷、《汾水河渠志》、《重修孙家沟幻迹》、《柳子峪志》八卷、《明仙峪志》四卷，留下诗文杂记《梦醒庐文集》八卷、《衔恤录》十卷、《寄慨录》十二卷、《随意录》四卷、《游绵山记》二卷、《潜园琐记》六卷、《迷信丛话》十七卷，《愠群笔谭》二十五卷、《乙未公车日记》四卷、《戊戌公车日记》六卷、《桥梓公车日记》四卷、《刘氏世系谱》三卷、《藜照堂家训》二卷、《梦醒子年谱》十二卷、《退想斋日记》二百册等。[13] 刘大鹏对写作简直有一种狂热。大约与刘大鹏同时代在晋的名士不少，例如还乡绅士王琼，曾任太子太师，修建过太原县城墙，朝廷在晋祠为他立祠祭祀，也曾留下《漕河图志》、《晋溪奏议》等作品；另一位曾任提刑按察使副使的高汝行，回乡后重修晋祠庙，并第一个修太原县志 [14]，等等，这些人物都是刘大鹏心目中乡绅的榜样，不过他们都没有刘大鹏那样能写。

刘大鹏一生没有做过官，他长期在晋中农村的生活，也曾像他的偶像一样去积极参与多项地方公共事务，例如集资修葺晋祠殿宇以及附近道路，兴办过晋水水利，呼吁反对苛捐杂税，在地方上有一定名望。不过，他参与的这些事务不见得都收到良好的效果，例如1907年他呈请县令要将孙家沟河堤改修为石堤[15]，防止小站营村扒堤泄洪，否则河水泄空就会影响到赤桥村等地，结果被官府和当地乡民申斥反对。这件事情在他的日记里边却没有详细记载，而在《晋祠志》中则讲到为了这件事情，他曾和几个村庄的乡绅耆老聚谈过数次，连上呈提议的文稿底稿都留存照录。以刘大鹏在日记里经常哀叹世风日下、时运乖蹇的风格，他在现实中遭遇的这个挫折本应有所体现，但实际上却只字不提，这件事情对于我们理解刘大鹏亦非常重要，下文将有详细分析。

由于刘大鹏和乡土社会的关系特别紧密，因而有必要交待他的生活环境。他所在的赤桥村在晋祠镇东北（见附图1，清道光六年太原县志图[16]），这个村落以造草纸为主要营生，农业生产

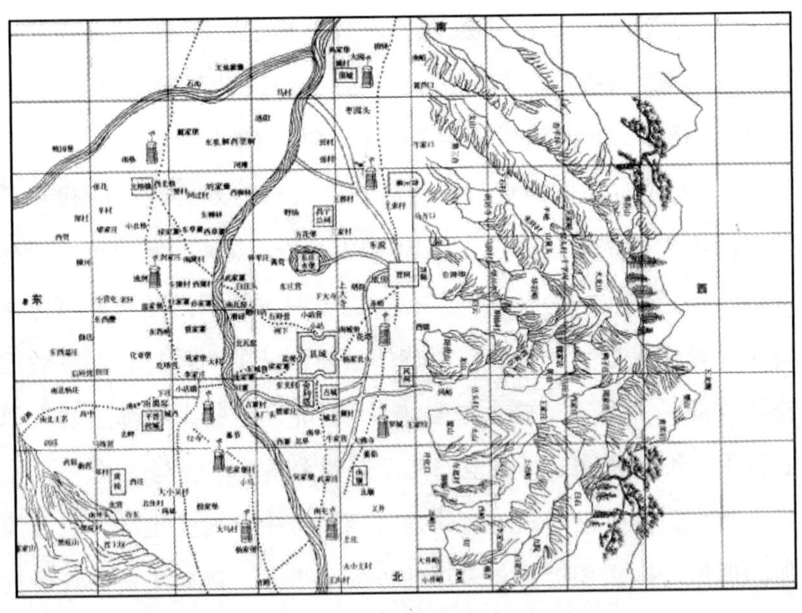

附图1　清道光六年太原县志图

不足以维持生计。赤桥村位于晋水北河灌溉区，除了农田用水以外，还要用水洗纸。晋水自出难老泉以后，分为南北两河，而北河有十分之七的水向东流出晋祠堡、纸房村，然后折向北流，到赤桥村中央的古豫让桥南，分为上下河。上河继续往北流到薄堰口，下河向东流灌赤桥、硬底、小站营等村，兼冲磨坊。下河流出小站营以后还有剩余，通常卖给邻县清源县。[17] 由于北河地势北高南低，在这条线路上，小站营地势最低，夏天雨水多的时候就会把小站营淹了，因此小站营的人时常会去刨孙家沟河堰，这样河水泄到别处，会淹没一些北河村落的农田，同时北河上河便没有水了，这对赤桥村而言影响很大，因为它每天要依赖晋水洗纸。[18]（参见附图 2，《晋水图志》晋水灌溉村庄图）扒堤的人自有他们的解释，他们认为这条沟里伏着一条旱龙，只有把水放走

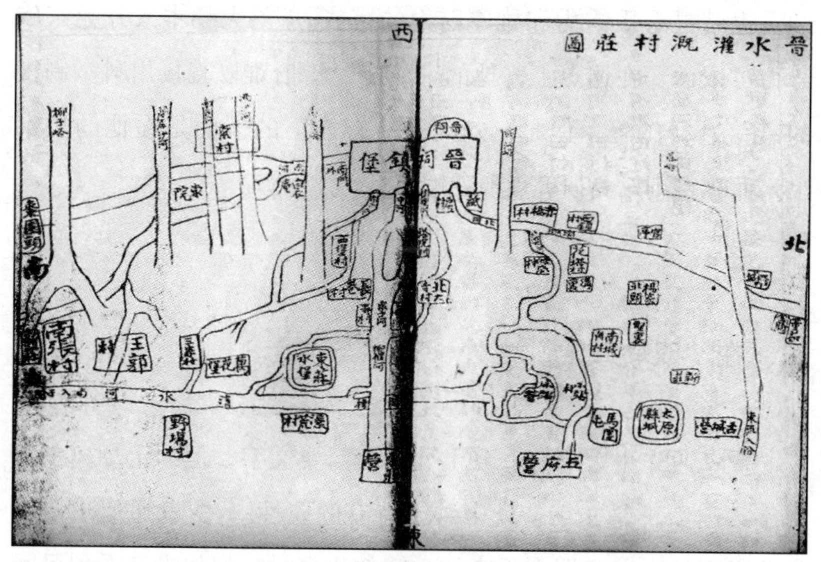

附图 2　《晋水图志》晋水灌溉村庄图（转引自张亚辉《水德配天》，“附录”，北京：民族出版社，2008）

让它晒一晒，天便有可能晴了；刘大鹏向官府建言将孙家沟河堰改成石堤防止扒堤，自然不把这种“迷信”放在心上，但他其实并不充分了解这背后有一个客观情况：也即是每年夏天雨季时节容易从西山带下来山洪，这是威胁到整个晋水灌溉区安全的大问题，相比之下，刨孙家沟泄洪带来的危害要小很多。[19]

因此，刘大鹏遭到当地乡民和官府的反对并不是没有道理。如果要说刘大鹏此举是由于他本人学识眼界有限所致似乎并不错，绅士对地方公共事务的作为也有不得民心的时候；同时在客观上这也表明中央政府对绅士在地方事务上发挥作用进行限制。刘大鹏无法重复王琼、高汝行那样的事功，客观上还有一个原因，可能与杨联陞已经指出的地方宗族势力有关系。杨联陞认为，在唐宋以后，中央政府权力的逐渐高涨，致使其地方政府权力大受限制，因而公共工程的修建不得不大力依赖地方上的富绅，也就是有影响力和雄厚财力的宗族。[20]刘大鹏本人并无宗族势力可依仗，在这点上，他的“无能”恰恰难以直接用科举制度的衰落进行解释。但是，刘大鹏“有能”的一面是在他的文字上，而这点则常为研究者所忽略。

三、在“双轨政治”之外：文字与绅士

费孝通先生曾形容，乡土社会不需要文字，但绅士却离不开文字，因为正是文字造就了绅士特有的属性。[21]费孝通似乎更容易注意到绅士以掌握在手中的文字教化乡村，但他没有看到民间佛道使用的各种符号实质上也是被乡土社会承认的文字。他看待

绅士与文字之间的关系，侧重强调的是其治平学的功能，而刘大鹏本身对文字的使用，除了治平学之外还有心性学的内容。如他所修的《晋祠志》作为一部私人所修的历史，咏赞地方风物和人物，如同他所说，“志虽非史可比，然一方典要，不外土地、人民、政事……分为十五门：曰祠宇，曰亭台、榭，曰山水，曰古迹，各指其胜不厌详传也。曰宸翰，见神灵之丕著，上则足以慰宵旰之勤，下则足以苏黎元之困也。曰祭赛，以述典礼而记风俗。曰乡校，以崇文教而见儒修。曰金石，征文考献，至关切要，凡前人著述，湮没不存者，皆于此而取证也。曰流寓，重其人，实重其地也。曰人物，见一方之灵秀，克自树立者多也。曰植物，见土地之肥沃，生生不穷也。曰文艺，补前编之遗缺，蔚然可观也。曰河例，则国计民生之所系，尤非寻常者可比也。曰故事，俱属重大而不涉于琐屑也。曰杂编，以终之，则志前所不及志者也。而卷首冠以图说，指其大畧言之也。”[22] 从这段话中可以看到刘大鹏的文字同时兼容治平学和心性学，一方面有晋水河例这样可致实用的知识，也有政府兴修水利的各项碑文，强调事功；另一方面更多的则是记录亭台阁榭、山水草木、书法美文、名人隐士，包括朝廷对圣母的各项敕封赋予当地的灵秀之气，也即使地方道德化和神圣化。这些内容心性学的意味更重，尤其是诸如当地绅士杨二酉在晋祠中留下的书法、路过晋祠的士人留下的题咏诗词，这些艺术性的文字心性学的色彩更为强烈。

《退想斋日记》本身其实是刘大鹏多部作品的缩影。刘大鹏所写的《晋祠志》、《晋水图志》十三卷、《汾水河渠志》、《重修孙家沟幻迹》、《游绵山记》、《潜园琐记》、《迷信丛话》等，其中的内容都是他日记里记载过的山川、村落、祭祀仪式、重大事件、传闻、议论等，虽然很多时候是片言只字，但是他坚持了大半辈子的书写不可能是毫无目的的。除了有可能作为一种备忘和索引，同时也是作为一种使自己保持道德化的方式。在某种意义上，前述行龙、罗志田和沈艾娣不算彻底误解，《退想斋日记》充满了刘大鹏对自己的道德塑造。总体上，《日记》的内容包含三个方面：政治经济、道德教化和史学；这三个方面内容交替出现。而随着他人生经历和思想的变化，刘大鹏对这三个方面的侧重又有不同。

在他的书写之中，涉及教育的私塾、书院、学堂的这部分内容是他从光绪十七年（1891 年）开始记日记起，直到民国三年（1914 年）结束舌耕之业二十多年日记的一个主要内容。最初，他便在馆中说："天地之间只有一个伦理，伦理者，维持天下万世之大纲也。所以圣贤教人，首重明伦。"[23] 当年天旱，他说是伦理败坏之故，"上天不雨，悉由风俗之奢靡，人情之浇漓。当此之时，有司民之责者，皆祈求雨泽。只闻其此庙拈香，彼寺礼拜，概未闻其行一善政。以余言之，与其虔心祈祷，何如多行善政，庶可邀上天之恩泽也。"[24]

科举制度取消前后，他数次感叹："自幼所学者孔孟之道，迄今谨遵之不敢一疏。当此之时，国家变法，设立学堂，停止科考，士皆舍孔孟之学而学洋夷之学，区区之心，殊觉不安，而况随俗浮沉，靡然从风乎？人弃而我不弃，此其志也。"[25]

守志的表现，首先是要正己正人。刘大鹏处处提醒自己在言行上应如何遵从君子的礼仪，努力要成为乡里中的道德榜样。例如光绪四十三年（1908 年），刘大鹏遭遇父丧，为守丧礼，他从正月初一开始便宣布一切新年之事从简，与往年不同，避而不见来拜年的邻居，并只请礼生儒祭，不用僧道作佛事；不仅如此，墓志、报丧、酒席和丧事过后的百日剃头之礼都按照儒家礼仪来做。[26]整个正月都以此事为最大，以刘大鹏那么贫穷的家境，为操办这次丧事前后摆了131桌酒席，来助丧的亲戚朋友就有100多人。比起5年前（1903年）他丧母之时的礼仪还要隆重一些，当时助丧的人大概有80多人，酒席128桌。[27]刘大鹏曾批评乡里风俗，婚姻丧事，宗宗件件，只是夸其富有，并不惜钱；[28]当地风俗，凡殡亲者必延请僧侣道士各10人开水陆道场。[29]省城里场面更大，刘大鹏会试期间在大同城中看到有人家办丧事，第三日黄昏要到城隍庙送灯，有钱人家送数十盏至百盏不等，其次四五十盏或二三十盏。前有鼓吹仪仗、僧道诵经，点燃的火把将大街照亮如白昼。[30]同样，婚俗也是如此尚奢。相比之下，刘大鹏所办婚丧的规模当然不大，但也不能说太小，只是他依然被乡里诟病说为人悋吝，[31]其真正的原因大概是他坚持要做儒家丧礼，不请僧道，这在乡里人看来其实反而是礼数不全。他批评乡里风俗侈靡，也是首先抨击延请僧道，究其根本，其实是不合他心目中的君子之礼。他认为对这种道统的坚持是唯一的，不能容纳任何以其他形式对神圣性的表达，但应该说这未必代表其他底层绅士的想法。事实上很多地方仪式也是由绅士积极参与操办的。

简言之，这20多年间，刘大鹏发现自己其实并没有成为乡民心目中的道德完人。最开始那几年，他劝导教育乡民如何端正风俗，同时传播缓解鸦片烟瘾的药方，积极周游于当地乡绅之中，他所写的日记隐约有向圣人言看齐的意思，常写自己就某事与他人的对话，末了加几句自己的看法。从日记中看，刘大鹏平日接人待物也许不至于像他笔下那么硬挺固执，与他家来往的亲友挺多，他晚年还经常受邀为乡民们主持婚丧嫁娶仪式。但是他被乡民和宗亲诟病，以及后来孙家沟的事件，都不同程度地使他有挫败感。他民国以后的日记篇幅更为简短，以录事为主，有些时日常空缺无记，有些日子索性只写一些极琐碎的事，如“遣人购买电灯”[32]一句话而已，似乎在说今日无事，又不愿日记空着，就随记一则。实际他晚年心境愈发沉郁，知晓自己在现实中有所事功和作为的机会愈发渺茫。

刘大鹏在感叹“世道衰微甚矣”，一年不如一年的时候，也在怀念村庄过去的美好时光，他说自己“犹记忆同治年间，吾乡到处皆家给人足，气象甚觉丰隆，而贫穷之家，寥寥无几。迨光绪初年遭大荒后，人民去其大半，所留者多贫不能支，到处皆墙倒屋塌，气象凋零，人人嗟叹无钱，莫能度日为生。今日者去荒年已十四五岁，世势日觉贫穷，人情愈觉浇漓”[33]。刘大鹏似乎觉得在社会衰退之势加剧的情况下，乡村已经很难再次回到一个黄金时代，但此时去同治中兴未远，对于中国历史是否能够再次恢复其原初的创造力，他又抱有一丝犹豫不定的希望。

这个希望对他而言便是减弱现实中对事功的追求，从种种欲望的美梦中醒来。刘大鹏曾在自传中讲述自己遇到一位上古贤者，便向贤者请教圣贤之道；贤者回答：“从事诚敬足以，无庸他求”，继而刘大鹏醒悟到，无论求功名、求利禄、求富贵、求治国等都是一连串世人的迷梦，只有圣人才能从梦中醒来，也只有圣人才能唤醒梦中人，而真正的圣人是要立心天地之间，超越现实的束缚。[34]这意味着刘大鹏下决心要坚守心性学，他写这个传记的时候说自己有 37 岁，一事无成；然而在现实中做不到的事情，他便通过文字来做。通过自己的文字书写，把对事功的追求和道德理想表达出来，而因为对心性学的坚持，这样的文字便有了超越世俗政权的神圣性的力量。刘大鹏的日记之所以能够容纳更多鲜活的社会史内容，其根本的原因便在于此。

如果不是现实中处处碰壁，刘大鹏对文字的依赖便不会显得那么突出。对于刘大鹏来说，像王琼、高汝行那样的绅士才是绅士的理想状态。他们一方面对地方政府行政有实际影响力；另一方面对当地的道德教化亦有实际的作为，例如王琼曾修太原城墙，高汝行曾重修晋祠。尤其像王琼那样位极人臣，曾经立过战功的人，文治武功都有，他和高汝行解职还乡以后无疑是地方上非常有实力的人物。刘大鹏自己虽然没有可能做到，但他同时却也可以对地方政治冷眼旁观，评议时政。

刘大鹏对学堂与新式教育的敌意不仅仅是学问或道德上的，学堂作为清政府政治绥靖的后果之一，这是他不能忍受的。在光绪二十三年（1897 年）他进京赴考的时候，刘大鹏还能自信地说："泰西之教非但不足以敌吾道，久之，而必化其教以入吾教耳。乃知海禁之开，是吾道将来出洋之由，非西教混行中华之渐也。"[35] 然而 1900 年发生了轰动一时的山西教案，立时将他的乐观化成泡影。山西巡抚毓贤、义和团拳民、山西当地的一些绅士参与教案，大批传教士和教徒被杀，在陆续的冲突中也死了不少非教徒。教案的一个直接后果就是八国联军攻陷北京，慈禧和光绪仓皇出逃。作为求和的条件，慈禧杀了毓贤，并在奕匡和李鸿章主持下，提出由山西付银 50 万两作为赔偿；而根据教会主张，这 50 万两并非用以抚恤殉难教士，而是用来在太原创办一所近代大学，并为山西修建铁路、开发矿产、兴办工业培养专才。刘大鹏对此结果非常痛恨，认为朝廷奸臣外附、庸臣受贿、大臣畏死、疆臣异心、祸国殃民；皇帝求和谕旨一下，便失去天下所望。他转而称赞毓贤对三晋人民有功德，乡民中有各种传言说毓贤没死其实表达的是人们对毓贤念念不忘之情。这次事件中所死的教民和义和团拳民大多是地方上的中国平民，但在刘大鹏眼里，这些人和匪类差不多。毓贤屠杀了大批手无寸铁的平民，他的所为和王琼的军功毕竟还是有所差别的，刘大鹏不提此节，乃是因为相信以大义为先，可见教案一事对他刺激很深。

教案之后，很快各地便推行起学堂制度，竟有“天下学校全改学堂”[36]的趋势，不久科举制度便取消了。刘大鹏看到，“今之学堂，所教者西学为要，能外国语言文字者，即为上等人才，至四书五经不讲，则人心何以正，天下何以安，而大局将有不堪设想矣。”[37]而他自己亦成为了新派知识分子厌恶的对象，他自叙：“膏粱纨绔子弟恶余甚深，一见余到其前辄皆趋而避之，谓余至无好言可听也。”[38]可以想像，刘大鹏有多招新派学人讨厌，他自己其实也就有多憎恶洋夷之学。尤其是在教案一事暴露出来的清政府与西方国家之间明显的实力差距，和士人政府应对危机严重的信心不足这样的情况下，学堂把通外国语言文字者视为上等人才，彻底把汉人文字的核心地位挤没了，这等于给刘大鹏的绅士道统得以最后栖身的历史学带来巨大危机。

在这样的形势下，与刘大鹏有交往的一些绅士开始将教馆改成学堂，试图二法并重，同时教授西洋算法、体操和孔孟之学，但经刘大鹏询问发现，这种做法并没有对挽救儒学在乡间的颓势产生任何有利的影响。[39]刘大鹏已经有预感，认为以洋人为师，师道不存，天下从此大乱矣。[40] 按照刘大鹏所说，当时学堂所教授的课程均习自日本，最重测算、技巧、工艺技术，[41] 然而大多数学堂草创，延请外国人来教学，无论语言还是课程设置上的难度都不小，尤其在乡间，西学的学习程度更不会太深。刘大鹏最为担忧的，其实是在国外学得一知半解的留学生回到乡间学堂教书，他虽然可能对于西学并不了解，但对于学问积累的周期却很清楚，他自己学了几十年才当教书先生，想当初他的业师也是过了四十岁才开馆授学的，绝不至于像留学生出去二三年便以为有所成。因此"现在出洋游学者纷纷，毕业而归即授职为官，其学孔孟之道并一切词章家，俱指为顽固党，屏之黜之"[42]；而一旦究其学问则立垮："见有一从西学者，自以为维新，一讲西学则手舞足蹈，其实饰庸俗之耳目，究未晓西学之所以然也，而于骨肉之间，乖实甚，其人之不贤不肖亦可见矣。"[43] 此外他还听到好些留学生的故事，说他们回来之后首先就要平等自由，和自己的父亲平起平坐，伦理纲常大坏。[44]

受这种风气影响，学堂开始不断酝酿风潮，最初闹的地方便是教会大学山西大学堂，学生结社驱逐督学。[45] 很快，在这个基础上形成了学生为主体的革命党。刘大鹏认为，学堂设立的经费成为地方财政的一个沉重负担，而消耗这么多经费却培养了一批提倡暴力革命的谋反者。[46] 在他看来，从学堂到后来的党派政治之间有明显的联系。

尽管对学堂以及与之关系密切的民国政府有许多不满，在这个新政府下，刘大鹏却迎来了人生的一个小高潮，他被当选为县议会议长，同时又到晋祠蒙养小学堂当国文教师，继而又被县长聘任来清查地方财政。刘大鹏平日记录的各种乡间信息，比如商业街的会期、货币流通情况、谷价、水患、旱灾等，其实也包含有对事功的追求。不过令刘大鹏觉得郁闷的是，教案以后直至民国的山西地方官多数无所作为，要么就忙于教案，要么就是忙着应付上差，极少考虑作一些有利于民生的改良。县官或县长有什么治理的问题，还要向刘大鹏等绅士垂询，但确切地说，这些咨询实际乃是一种结交。

刘大鹏当选议会会长和晋商商会势力的支持有莫大关系。他与当地商会的关系较为融洽。他曾提到，晋祠堡西边的路久之不通，他曾提议开辟此路方便人们南北来往，但是镇上的人置若罔闻。1915 年，他被推举为商会事务所特别会员，于是在商界重提此事，得到赞同，商会出钱，请镇上出人，这样才把事情办起来。[47] 其后刘大鹏又在商会支持下，牵头重修晋祠庙宇。[48] 重修晋祠的经费来自晋祠长年积累的布施所得，刘大鹏请商会经管钱款，自己亲自到场督工。与此同时，他开始着手把修好的四十二卷《晋祠志》改成简本，为尽快完成此书，他夙夜赶稿，三更才睡。[49] 在他心里，这本写于十几年前的书和重修晋祠意义相同，如今终于能够了结这件心事，积极性自然很高。

1917 年，刘大鹏在县财政公所干了一段精神紧张而又枯燥无味的财务清查之后，很快便辞去了这份幕僚的工作。他对此有多方面的考虑。首先，清查财政这件事情得罪了前任知事和县属一切员役，他们图谋破坏并告黑状；其次，当时在任的丁知事没有权威和魄力，指挥不了手下的差役，收缴公款效率低下，影响到整个财政公所的正常运作。最初接受这份工作的时候，刘大鹏曾认为这是本乡第一要政，处理好了则百姓不受官厅之害；但核查过程因人为因素变得棘手，身后又无可借力之人，他坚持了半年，最后不得不承认这项工作不宜作为长久之计。[50]这段经历大概是刘大鹏一生之中最接近出仕的状态，但最后也被他失望地放弃了。他虽然还是把账查清移交，但是他也明白在体制之内不可能单凭一人之力做事，更是有诸多不自由。他后来卸职而去，便说“此责既卸，可以自如也”[51]。此后余生刘大鹏把自己当成一老农，时常在田间耘草；其间有两件事是他常关心并且常做的，一是整理自己的文稿，二是继续串游乡间做客，与其他绅士耆老商量地方事务。前述修孙家沟河堤之事便是发生在这一时期，在此便不赘述了。

在刘大鹏眼中，1900 年的山西教案其实不啻于一个历史的转折点，在此往前仍有同治中兴的一个尾巴，而在此之后直至民国都没有走出道德历史的衰败。儒学的正统地位失去之后，政府对绅士在体制外参与地方事务的空间也压缩到了一个极点，但是同时它无法彻底消灭绅士参与的诸多可能。相反，它得承认只有绅士是可以理解和沟通地方的。例如，刘大鹏非常关注晋祠一带的祭祀活动，在《晋祠志》中记载有一年之中的 56 个祭祀仪式。晋祠当地祭祀名目和活动确实繁多，而且每个村子还有自己的神要拜祭。这些活动他不一定都亲自参与过，也不一定都限制在赤桥村内部范围。刘大鹏虽然经常表示对这些宗教活动的反对和排斥，但是当民国政府屡次推行公历失败的时候，他又颇有兴致地讽刺民国政府无论再想什么高招也没用。也就是说，当刘大鹏翻阅过自己这本厚厚的日记时，他已经意识到 51 年的时光在乡土社会中每年都是轮回往复的，无论这一年内如何动荡，即使城隍庙已经被捣毁，每年七月初四晋祠祭祀水母的仪式总要举行的。刘大鹏并不是没有理解乡土社会的能力，只是在日记之中他太想成为王琼或者高汝行，所以会自觉不自觉地疏离乡土。

费孝通曾在《乡土重建》中提出皇权与绅权的“双轨政治”，他设想能够起到自下而上制约皇权的绅士，其实可能更为接近王琼或者高汝行；[52]而在“论师儒”这篇文章中，他才真正给予刘大鹏们一个位置——他认为绅士对道统的坚持便是以圣人为榜样，能够作为帝王的老师，在韩愈自承道统之后，绅士便成为乡间诵读圣谕的人物了。[53]在这一点上，刘大鹏的确是这么坚持的。不过，费孝通看到的绅士是居住在城市而回到乡村的，故而他断言乡土社会无文字，但是刘大鹏恰恰证明了乡土社会有文字，因为绅士在乡间。造成这种不同的原因大概是因为费孝通当时想找的是王琼或高汝行那样的人物，同时在民国传统城市本身经历了衰败，城乡差异已经进一步扩大，所以很多过去属于城里的宗族被隐没在乡间不为人所知。相对于费孝通对绅士政治经济功能的重视，刘大鹏通过文字更多表达的是历史。也就是说，我们对于绅士地位和作用的思考，在政治学和伦理学之外，还应加上史学这一维度。

1　例如丁俊辉：“清末民国时期山西晋中地区的移风易俗——以刘大鹏《退想斋日记》为主要史料的研究”，载《沧桑》2010 年第 4 期。值得一提的是，山西大学中国社会史研究中心对刘大鹏的《退想斋日记》有持续的研究，对其进行了非常重要的整理和分析工作。

2　罗志田，“科举制的废除与四民社会的解体——一个内地乡绅眼中的近代社会变迁”，载《清华学报》（台湾），1994 年第 4 期；“近代中国的两个世界——一个内地乡绅眼中的世事变迁”（与葛佳渊合作），载《读书》，1996 年第 10 期，北京：三联书店出版社。

3　罗志田，“近代中国的两个世界——一个内地乡绅眼中的世事变迁”（与葛佳渊合作），第 122—127 页。

4　行龙：“怀才不遇——内地乡绅刘大鹏的生活轨迹”，载《清史研究》2005 年第 2 期，第 78—79 页。

5　罗志田，“科举制度废除在乡村中的社会后果”，载《中国社会科学》，2006 年第 1 期。

6　白谦慎：《傅山的世界——十七世纪中国书法的嬗变》，第 190—195、261—270 页，北京：三联出版社，2006。

7　刘大鹏：《晋祠记》，第 652—653 页。

8　刘大鹏：《退想斋日记》，1905 年 11 月 2 日，第 147 页。

9　Henrietta Harrison, *The Man Awakened from Dreams : One Man's Life in a North China Village*, 1857—1942, Stanford, California: Stanford Univer sity Press, 2005. 参见罗衍军：“国外新书评介：沈艾娣著《梦醒子：一位华北村庄士绅的生平，1857—1942》”，载《历史研究》，2006 年第 2 期。

10　刘大鹏：《退想斋日记》，乔志强标注，1905 年九月十九日，第 146 页，太原：山西人民出版社，1990。

11　钱穆：《中国史学名著》，第 51 页，北京：三联书店出版社，2005。

12　刘大鹏：《晋祠志》，慕湘、吕文幸点校，太原：山西人民出版社，1986。

13　行龙：“怀才不遇——内地乡绅刘大鹏的生活轨迹”，第 79 页。

14　刘大鹏：《晋祠志 · 人物》（中），第 599—565 页。

15　刘大鹏：“改修孙家沟堤议”，见《晋祠志》（下），第 885—889 页。

16　转引自张亚辉：《水德配天——一个晋中水利社会的历史与道德》，附录图二，北京：民族出版社，2008。

17　刘大鹏：《晋祠志 · 河例》（中），第 853 页。

18　张亚辉：《水德配天——一个晋中水利社会的历史与道德》，第 257 页。

19　张亚辉：《水德配天》，第 259 页。

20　杨联陞：“从经济角度看中国的公共工程”，见其《国史探微》，北京：新星出版社，2005。

21　费孝通：《乡土中国　生育制度》，第 18—23 页，北京：北京大学出版社，1998。

22　刘大鹏：《晋祠志·晋祠志凡例》（上），第 9 页。

23　刘大鹏：《退想斋日记》，1892 年 2 月 13 日，第 2 页。

24　同上，1892 年 6 月 1 日，第 4 页。

25　同上，1906 年 7 月 15 日，第 152—153 页。

26　同上，1908 年 2 月 2 日—2 月 21 日，第 165—166 页。

27　同上，1903 年 5 月 24 日—6 月 7 日，第 123—124 页。

28　同上，1896 年 4 月 28 日，第 56 页。

29　同上，1894 年 11 月 13 日，第 35 页。

30　同上，1898 年 6 月 4 日，第 84—85 页。

31　同上，1894 年 12 月 24 日，第 36 页。

32　同上，1918 年 9 月 5 日，第 265 页。

33　刘大鹏：《退想斋日记》，1893 年 2 月 7 日，第 15 页。

34　刘大鹏：《晋祠志·梦醒子传》（中），第 659 页。

35　刘大鹏：《退想斋日记》，1897 年 10 月 7 日，第 76 页。

36　同上，1905 年 2 月 14 日，第 140 页。

37　同上，1905 年 2 月 15 日，第 140 页。

38　刘大鹏：《退想斋日记》，1906 年 6 月 20 日，第 152 页。

39　同上，1905 年 5 月 27 日，第 141 页。

40　同上，1905 年 3 月 14 日，第 140 页。

41　同上，1905 年 2 月 14 日，第 139 页。

42　同上，1905 年 9 月 11 日，第 145 页。

43　同上，1905 年 9 月 14 日，第 145 页。

44　同上，1904 年 12 月 28 日，第 138 页；1907 年 1 月 6 日，第 156 页。

45　同上，1907 年 7 月 24 日，第 161 页。

46　同上，1907 年 8 月 30 日，第 162 页。

47　同上，1916 年 2 月 19 日，第 225—226 页。

48　同上，1916 年 9 月 1 日—9 月 21 日，第 236 页。虽然晋商中间不乏学问修养很高的绅士，也是参与地方事务的一支重要力量。但是商人与绅士毕竟是两个范畴，行商的本质是逐利，因其流动性强，地域性和文化性最薄弱。绅士身份并不足以涵盖晋商，至于其内部的复杂性已经属于另外一个题目，这里仍旧以刘大鹏为主。

49　刘大鹏：《退想斋日记》，1916 年 8 月 18 日，第 235 页。

50　同上，1917年2月21日—6月28日，第240—245页。

51　同上，1917年12月23日，第252页。

52　费孝通：《乡土重建》，见其《费孝通文集》，第四卷，第336—340页，北京：群言出版社，1999。

53　费孝通："论师儒"，见吴晗、费孝通等《皇权与绅权》，第38页，上海：观察社，1948。

理解休谟经济思想的三个维度

张正萍

1776 年 11 月 9 日，休谟逝世后不久，斯密在致威廉·斯特拉恩信件的结尾处是这样评价休谟的："总而言之，我始终认为，无论生前死后，如同人类脆弱的本性可能允许的那样，他都接近于具有完美的睿智和德性之人的那种典范。"[1] 作为休谟的挚友，斯密的悼词巧妙地避开了争议不断的休谟哲学，只是高度评价了休谟的人格气质，说他"和蔼可亲"、"宽大为怀"、"朴实大方"、"幽默诙谐"等等，如今看来这些赞美之词即便再多一些也不过分，但在当时，这封对休谟高度评价的信件公开发表之后却引来一轮对休谟的攻击。[2] 历史证明这些攻击最终烟消云散，而休谟的哲学、历史、文学、政治、经济和伦理学以及人的科学，依然位列于思想史的长廊之中。

一、休谟生平与其经济论文

休谟于 1711 年旧历 4 月 26 日（18 世纪旧历比新历早 11 天）

出生在爱丁堡，是霍姆家（休谟原来姓氏是Home，后改为Hume）的次子。父母双方均系名门贵族，但不幸幼年丧父，其母独自支持家庭。由于家境并不富裕，休谟的大学教育并不完整。1725年，休谟从爱丁堡大学肄业退学，还乡自学。因其次子身份，休谟能够继承的遗产微乎其微，因而青年时代总有生计顾虑。他曾在商场上略试身手，做过会计，最终放弃这些尝试，隐居法国乡间潜心读书。其第一次学术努力因《人性论》的无声无息而以失败告终，对他打击颇大；直至1742年《论文》（*Essay*）发表才略有成功。此年，休谟31岁。10年之后，休谟才算声名鹊起。1752年出版的《政治论文集》大获成功，各种评论纷至沓来，连同以前不被关注的《人性论》及其改写也得到评论。但这10年间，休谟在求职中又遭到两次打击：1744年申请爱丁堡大学伦理学和精神哲学教授职位失败，1752年申请格拉斯哥大学道德哲学教授职位，再次失败。最终，《英国史》的发表为休谟赢得了声名，还带来不菲的收入。然而，即便在休谟名利双收之后，反对之声依旧，甚至更多。[3]

1776年4月18日，休谟预见到自己不久离世，便提笔为自己作传：对于自己的文名，他不再牵挂；对于自己的人品，他深感欣慰；对于曾经遭受的诽谤，终其一生他都未作任何辩护；他肯定自己绝非错置了这份自负之心，事实可以明鉴。[4] 4个月之后的8月25日，休谟平静离世。在休谟的一生中，他曾为生活逐利，也曾参与政治事务；担任过贵族家庭的私人教师，也曾担任陆军中将的随军秘书、大使秘书、国务大臣的副大臣等这些显赫高官；但其大部分时间都过着文人的生活，笔耕不辍，勤勉治学，以其深邃的哲学思维洞悉人性，以旁观者的姿态思考政治经济的历史与现在，以参与者的身份品鉴道德与审美的趣味。

从其生平来看，休谟一生算不上顺利，早年颇受挫折，成名之后陷入宗教审判的危险之中，这与他的朋友斯密的一帆风顺大不相同。然而奇怪的是，前者对待自己生活的时代充满乐观与信心，而后者在晚年则颇有疑虑。或许，休谟个性中乐观的精神对他的思想多少有些影响；同时，英国上升的经济社会中的“进步观”也成为一股潮流——即便当时的思想家们也会谴责商业社会的腐败问题，但“进步”是无法否认的。恩格斯在《反杜林论》中评价休谟经济论文时写道：“他的经济论著之所以能影响当时的知识界，不仅是因为卓越的表达方法，而且更多地还是因为他的论著是对当时繁荣起来的工商业作了进步的和乐观的赞扬，因而他的论著自然要博得资本主义社会的‘赞许’。”[5]这一评价正确，但并不完全。休谟的政治论著大受欢迎，的确如恩格斯所说“博得资本主义社会的‘赞许’”，但这不应该成为恩格斯批评休谟的理由。而恩格斯又就休谟的生平写道：“正如对一个苏格兰人所应当希望的那样，休谟对资产阶级赢利的羡慕，绝不是纯粹柏拉图式的。他出身贫穷，可是后来却达到每年一千镑的巨额进款……他是对‘教会与国家’颂扬备至的辉格党寡头统治的热烈拥护者，为了酬谢他的这些功劳，所以他最初得到巴黎大使馆秘书的职务，后来得到更重要的、收入更多的副国务大臣的官职。”[6]如此将休谟置于既得利益者的地位，有损于休谟经济思想的理解。由于杜林指出休谟在“整个科学部门（经济学）的创造是更有见识的哲学”，并被抬到很高的地位，所以很不幸，杜林对休谟的赞扬都成为恩格斯批判的借口，自然也不会给休谟什么好语气。无论如何，休谟的出身都算不上“贫穷”，而他没能更长寿，没能活到谴责“资本主义”的时代。在他去世的 1776 年，《国富论》才刚出版，美洲殖民地才刚独立，法国大革命十几年之后才爆发。因而，我们需要在历史中重新审视休谟的经济思想，现在仍然有这种必要。

回到 1752 年，《政治论文集》首次出版，论文 12 篇。[7] 事实上，休谟在与詹姆斯·奥斯瓦尔德、图克（又译“塔克”）等人通信讨论的基础上形成了这些经济论文 [8]。他们争论的中心问题是：是否有这样的“自然的”过程，在这种过程中，国际经济会自然而然地保持平衡，如果平衡被打乱，不需要政府的广泛或有步骤的干预即可自行恢复；如果有这样的“自然的”过程，它又是如何起作用的。[9] 在前面第六章的论述中，休谟的确以“自然过程”为中心就商业、货币等问题作出了精彩的回答。

介绍、评论和不同译本接踵而至。同年 1 月，斯密据此书在格拉斯哥文学社（Literary）宣读了休谟论述商业的几篇文章。此书出版后，休谟赠给孟德斯鸠，不久巴黎有了勒·布朗神父的法译本。苏格兰的《每月评论》（*Monthly Reviews*）一月号以 19 页评论《道德原理探究》，25 页评论《政治论文集》；二月号继续评论后者；阿姆斯特丹《欧洲……分类书目》以 5 页向大陆读者介绍该书；1753 年，爱尔兰根学报和哥廷根学报分别于六月号、九月号和五月号、八月号先后评论《哲学论著》和《政治论文集》。[10] 由于欧洲各国的经济发展各不相同，此书所引起的争论侧重点也各不相同。

同一个文本，每个时代的经济学家都会有不同的解读。在经济学经历了非常专业化、理论化的当代，解读休谟经济论著也会有不同的维度。思想史探索的目标之一是尽量接近思想本身，进而提供一些启示。因而，探讨休谟的经济思想应该考虑更广、更深的经济思想史维度。

二、在历史经济学的视野下

在历史经济学的视野之下谈论一位 18 世纪作家的经济论著是理所应当的，却似乎是边缘的。在那场著名的方法论之争过后，理论经济学在经济学界获得了广泛的胜利，并且成为经济学研究的主流，而历史经济学在 20 世纪以来的大部分时间里都处于边缘的地位。这场方法论之争发生在大约 19 世纪 70 年代，一直延续到 20 世纪 20—30 年代，即奥地利学派与德国历史学派之间、英国历史经济学家与理论经济学家之间关于经济学归纳研究与演绎研究的争论。在英国，“1870 年至 1926 年间，英国历史经济学家对古典经济学和新古典经济学在理论、政策指导及学术等方面在英国的统治地位提出挑战。他们把经济史创建成一门独立的、受到学术界认可的研究领域，鼓励开展应用经济学研究，推动公共管理和企业管理的研究，推出了颇有价值的经济思想史论著，并对演绎经济学的普遍性与社会效用加以限制。”[11] 历史经济学家尝试创建兼有经济史、应用经济学、经济思想史与经济理论的历史经济学模式，到 20 世纪初也获得了一定的成功，在各大院校的经济学教学计划中占有相当大的份额，并创办了相关杂志。但从经济学本身的发展来看，最终获得胜利的是理论经济学，虽然马歇尔、凯恩斯等人在方法论上都是综合性的，但在这场争论中，他们站到理论经济学的一边，摒弃了归纳的经济研究：马歇尔选择了更理论化的庇古接替了他的教职，凯恩斯也更倾向于抽象的演绎法。但是，马歇尔及其追随者也越来越认识到：一切经济思想和经济政策必须与特定的时间和地点相对应[12]。

之所以重提这段历史，并且可以将休谟的经济论著置于历史经济学的视野之下考量，主要是因为：18 世纪的经济论著，无论休谟的论文还是斯密的专著，他们在写作中并没有刻意运用归纳或演绎的方法，往往是两者兼而有之[13]；就休谟而言，我们从历史经济学的角度分析他的人口论、公共信用以及国际贸易等问题会更清晰，而且也应该如此。

比如，休谟的长篇论文《论古代国家之人烟稠密》所运用的归纳方法。虽然该文中的论断早已被后来的马尔萨斯人口论证实而基本被忽视，但对于经济研究仍有方法论的启示。18 世纪，孟德斯鸠等人仍然主张当代的人口数量不及古代。休谟在这篇长文中从历史记载、自然条件、生理和精神等多个方面证明现代国家更利于人口增长，指出人口增长与政治经济等方面的发展密切相关。在政治环境方面，古代奴隶制、弃婴、杀婴制都不利于人类繁衍，军事和政治动荡对于人口增长也无好处；虽然现代的宗教制度也不利于人口增长，但总的说来，现代农业、制造业和商业的发展都有利于人口的自然繁衍。“人口最终不仅要受到政治因素的制约，同时也受到食物供应的制约，而食物供应又进一步受到该社会的经济组织形式的制约。”[14] 食物供给和价格变动、居住和医疗条件和技艺改进的状况、交通运输和贸易系统、婚姻和抚养子女的条件，古今气候变化、宗教信仰等等，这些因素都会影响到人口的增长。[15] 休谟在古希腊罗马作家的大量文献中挑拣他认为可信的数据，描述古代农业和工商业发展的情形，对比当时欧洲的政治经济已经说的很多，而且一直到现在仍有人在讨论[16]。通常，休谟的货币数量论被视为现代经济学中货币思想的源头，而且该理论在当代也还有着一定的影响。这里简要介绍一下休谟的货币数量论。

现在熟悉的交易方程式是 $MV \equiv PT$，即货币（M）乘以既定时间内换手的次数（V）恒等于商品贸易总量（T）乘以商品的平均价格（P）。据马克·布劳格的说法，17、18 世纪货币数量论的核心命题是强调“货币刺激贸易”，休谟同样强调这一点；但休谟与洛克、约翰·劳等重商主义不同的是，他强调自我调节的硬币流通机制。在休谟的假设下，T 和 V 对货币变化是不敏感的，M 和 P 将成比例地发生变化。只要货币只是一种价值标准和交易的媒介，这个理论命题就只是一种同义反复。[17] 事实上，休谟的确只是将货币视为交易媒介，而没有看做价值储藏。但是，如果将货币需求看做价值储藏——这也是所有货币理论辩论的关键——M 和 P 就必然不会按比例变化。布劳格指出：休谟说明了动态意义上的洛克的货币数量论观点，“在确定的和相当精确的意义上把 M 和 P 联系在一起，在那个时代被认为是对现实世界的一种可证实的和很清楚的说明”[18]。斯密在《国富论》中直接引述休谟的货币论，批判洛克等人。一般认为，直到 20 世纪 20 年代，休谟的货币理论才受到挑战[19]；但在 20 世纪 80 年代，该理论又被货币学派重新阐发。

相应地，跟随货币数量变化而来的是利息率和国际、国内贸易的变化，这一点可作为该理论的补充。货币数量增加，利息率下降，有利于工商业发展和财富的增加。休谟指出，这种缓慢通胀在一定程度上是有利于经济发展的。等到货币在一个国家真正膨胀之后，休谟便寄希望于“富国—穷国”的经济协调，随着制造业的迁移，贫穷地区也会逐渐富裕起来，最终造福于整个人类。不同地区货币数量的差异和流通，不会导致穷国更穷、富国更富，因为制造业会不断从成本高昂的地区迁移到成本低廉的地区，进而带动那个地区的发展。[20] 这是休谟设计的国际贸易模式，在自然的货币流通过程中，各地区的经济会渐近地得到发展。这个模式存在着巨大的弊端，即穷国只能通过低工资在国际劳动分工中分得一杯羹。[21] 休谟的确说过，贫穷地区的优势是低工资，因而可以吸引制造业的转移，而且，他在潜意识中认为核心技术最终会在竞争和模仿中为各地区共享。如此，在开放的、长远的国际分工中，贫穷地区也会变得富裕，进而制造业再向更贫穷的地区转移。在此过程中，一个完全自由开放的、毫无贸易壁垒的国际市场调控着各地区的物价、利息率和货币数量。这是休谟理想的自由贸易模式，但恐怕在现实中很难实现，毕竟各地区都会保护各自的利益，而不会采取完全自由放任的经济政策。有学者指出休谟货币论的缺陷时说：“每个贸易地区的货币数量和价格水平都由国际市场决定。各种自动调节的力量将会照顾到各种变化，而平衡机制不需要成为各种政策的目标。这一结论排除了对货币政策的必要担忧，而实际上造成货币政策概念无效，这是18世纪后半期形成货币思想的休谟式寓言。”[22] 所以，休谟货币政策中的各种变量是需要根据不同情形进行调节的。货币学家们完全可以在这个基础上产生他们的发现，在 MV ≡ PT 这个恒等式基础上作新的演绎。正如弗里德曼所言：“大概没有哪种经济中所能观察到的经验关系，像货币存量和价格短期实质变化之间的关系那样，在如此广泛的变化环境下发生得如此协调一致；这一个与另一个不变地连在一起，并按同一方向变化；我觉得，这种协调一致具有像形成物理学基础的一致性那样的同样的条理。”[23]

因此，休谟的货币论是值得放在理论经济学的框架中讨论的；不止如此，相关的“国富—国穷”的讨论、利率、税收等也是理论经济学研究的对象。如果联系休谟写作时的那些讨论分析这些思想，肯定会有收获。

三、在人性科学的体系之内

在人性科学的体系内考察休谟的市民社会理论、社会哲学思想，这种研究方法并不少见。1982 年，日本学者大野精三郎的论文《休谟对市民社会的系统认识》就是从人性科学出发的，他认为“作为《人性论》的出发点的人，即在原始状态下具有直接破坏社会的利己心的人，在《政治论丛》所探讨的商业社会的相互依存关系中，转化成了最符合自身本性的市民”，以达到认识休谟对古典政治经济学建立所起作用的目的。[24] 这篇论文对《人性论》的分析过于简单，而对休谟市民社会理论更系统的研究在芬莱的专著中做到了。他在《休谟的社会哲学》一书中对市民社会和商业社会的结构关系做了精细的辨析，尤其是从情感出发对个体、群体的心理互动关系的分析，对后来者的研究有很大的启发意义。[25] 从休谟本人自许而且也值得称道的“人的科学”出发，从一个完整的体系分析其政治哲学、社会思想等，不失为一种很好的思路。

在这一思路的引导下，我们需要特别看重休谟《人性论》中的“情感论”，尤其看重人的某些秉性借助同情共感机制如何参与到社会秩序的构建之中，而同情秉性在这一过程中起了重要的作用。事实上，18 世纪的启蒙思想家几乎同时都认识到同情机制在人类社会中的作用，但这一点基本被后来的研究者——无论是社会学家还是伦理学家——忽视了。

这种理论的论述兼有归纳与演绎，它“预设”了人的秉性，在现象和经验中总结出论断。我们可以简要厘清一下休谟的推理。在最初的群居部落中，人的同情秉性就已经让他 / 她知道哪些特征会受人爱戴，令自己感到骄傲，哪些特征会遭人轻视，令自己感到自卑；个体之间最初的生理和智力差异逐渐成为不平等的起源，形成不同的层级，反过来又激发人的模仿和好胜之心，在群体中促成一种不断流动的秩序。风俗习惯、民族特性在不断累积的经验中形成，并且可以反过来影响个体或群体的情感。与此同时，对人类情感的同情共感促成了个体对社会交往的认识。看到别人的痛苦自己也会感到痛苦，看到别人的快乐自己也会感到快乐，这种最原始的同情心是人类在自然状态下最直接的交往法则[26]，但在文明状态中，这种交往法则变得复杂，在社会交往中常常以自己为原点，表现出自利、自爱的一面。按照卢梭的说法，人类由此堕落；但在休谟看来，人类由此开化，而同情的对象随着人类的活动而不断变化，构成历史的进程。

历史的进程由无数个体的行为和经验推动、累积。虽然每个个体的追求、目标在不同的时代各有不同，但从人的本性出发，他们 / 她们都渴望在群体中被人爱，渴望成为自己成为被爱之人，渴望从获得自尊和骄傲，获得他人的认同和被认同。哪些因素能得到群体的认同、哪些因素又会得到自己的认同，这些只能从历史经验中寻找。每种“文明”[27]赋予被他人认同和被自己认同的内涵的确各不相同，同情的对象也会随之不同，因而追求的目标也各不相同。休谟对同情在塑造“民族性”作用的阐释可以佐证。虽然利益化的激情持久而有力，也最容易获得自我认同，但是，只有当利益的激情最终获得一定地域范围内的社会认同时，自我认同和社会认同统为一体之后，才真正获得胜利。仅有自我认同而得不到社会认同，或仅有社会认同而没有自我认同，这类情感或多或少偏离了人类的本性。前者如宗教社会中对利益的鄙视，后者如西方文艺复兴前夜的宗教情感。在情感的自然史中，人类总在不断追寻着二者的统一，追求同时获得自我认同和社会认同的外部环境。

在休谟看来，18世纪的英国社会中，自我认同和社会认同逐渐趋于统一；而根据他的人性科学，这种趋近的统一应该随着社会发展越来越完善。因而，在同情机制的作用下，强劲有力的利益激情获得支配性地位，有利于建立一种良性的社会秩序。这是休谟政治经济学的基础，与其说成笼统的“人性科学”，不如更具体地说成“情感的人性论”。在这种“人性论”中，“勤勉”与“贪婪”不过是人类激情驱使下的行为，产权制度是人类活动的依据，立法者的良策是顺应并引导利益激情良性发展。休谟的设计是让情感主宰财富的创造，而非让财富驾驭情感的方向。这一设计是启蒙时代的遗产；不幸的是，这一遗产没有被继承下来。

休谟的思想体系庞大博杂，我们可以选择从“历史的”、“社会的”、“政治的”等角度理解他的经济思想。在《论政治与经济：休谟论说文集卷一》中我们可以看到，《人性论》中已经触笔的政治原则和经济思想在此书更加清晰：将其《英国史》作为政治经济论文的注脚，为读者呈现出更加丰满的历史背景；而自光荣革命以来的英国当政者为解决经济问题所采取的措施，以及英国经济本身的发展状况为休谟关于赋税、利息、货币、信用等方面的理论提供了很好的素材。所谓“横看成岭侧成峰，远近高低各不同”，将休谟的经济思想置于不同的理论体系之下，都会有不小的收获。

[英]大卫·休谟：《论政治与经济：休谟论说文集卷一》，张正萍译，杭州：浙江大学出版社 2011 年

---

1 *The Philosophical Works of David Hume,* including all the essays, and exhibiting the more important alterations and corrections, in the successive editions published, by the author, in four volumes, Volume I. Thoemmes Press, 1996, XXV.

2 “斯密在写这封信的时候根本不想伤害人们的基督教信仰，他只不过为自己喜欢的朋友说了几句好话，记录下他从朋友身上观察到的一些非凡的品质而已。但是在当时的人们听来，这些直率的话就像对宗教信仰本身的直接挑战。”见（英）约翰·雷：《亚当·斯密传》，周祝平、赵正吉译，北京：华夏出版社，2008，第 242—243 页。

3 *The Letters of David Hume,* No.345, edited by J. Y. T.Greig, Volume II, Oxford at the Clarendon Press, 1932, pp.74—75.

参见陈尘若编写《作者生平和著作年表》，见休谟，《人性论》（下），关文运译，北京：商务印书馆 1980，第 776 页。1766 年，休谟“告诉杜尔阁，五十年代，反对他休谟的大书小册子可以摆满（？）一个大房间”。这份生平和著作年表清晰地表

明，对休谟的批评和质疑在他有生之年从未停止过，即便在他去世之后，各种批判也未消停。

4 参见《休谟自传》，载《人类理解研究》，关文运译，北京：商务印书馆，1957。

5 《马克思恩格斯全集》(20)，北京：人民出版社，1956，第264页。

6 同上，第264—265页。事实上，恩格斯在《反杜林论》中对休谟关于利息、税收、货币等的论文都做了批评。这种批评现在或许应该重新看待。

7 即：论商业、论奢侈、论货币、论利息、论贸易平衡、论势均力敌、论赋税、论社会信用、论某些值得关注的惯例、论古代国家之人烟稠密、论新教继承、论完美共和国的观念。

8 这些信件散落在不同的书信集中。See Istavan Hont, *The 'rich country-poor country' debate in Scottish classical political economy,* note 8。See Istvan Hont, Michael Ignatieff, *Wealth and Virtue: The Shaping of Political Economy in the Scottish Enlightenment,* Cambridge: Cambridge University Press, 1983, pp.275—276.

9 胡企林：《简评休谟的经济理论》，见《休谟经济论文选》，北京：商务印书馆，1984，第2页。

10 参见陈尘若编写《作者生平和著作年表》，见休谟，《人性论》(下)，关文运译，北京：商务印书馆，1980，第762—763页。

11 杰拉德·M. 库特：《英国历史经济学：1870—1926——经济史学科的兴起与新重商主义》，乔吉燕译，北京：中国人民大学出版社，2010，第217页。

12 同上，第222页。

13 这一点，参阅库特在《英国历史经济学：1870—1926》列举的历史经济学家乔治·昂温等对斯密《国富论》的研究成果即可。关于归纳和演绎的方法论之争，笔者认为不能刻意将18世纪作家运用的方法简单地归类。

14 斯金纳：《经济学理论》，见亚历山大·布罗迪主编，《苏格兰启蒙运动》，杭州：浙江大学出版社，2010，第171—172页。

15 David Hume, *Of the Populousness of Ancient Nations,* see *PW,* Vol.III, pp.410—493.

16 See Arie Arnon, *Monetary Theory and Policy from Hume and Smith to Wicksell: Money, Credit, and the Economy,* Cambridge: Cambridge University Press, 2011.

17 马克·布劳格：《经济理论的回顾》，姚开建译校，北京：中国人民大学出版社，2009，第9页。

18 同上。

19　斯金纳：《经济学理论》，见亚历山大·布罗迪主编，《苏格兰启蒙运动》，杭州：浙江大学出版社，2010，第 172 页。

20　可参考洪特对休谟国际贸易模式的概括。Istavan Hont, *The 'rich country-poor country' debate in Scottish classical political economy*，see *Wealth and Virtue: The Shaping of Political Economy in the Scottish Enlightenment,* edited by Istvan Hont, Michael Ignatieff, Cambridge: Cambridge University Press, 1983, pp.274—275. 这一概括适用于处于同一经济体系中的国际贸易，而没有考虑风俗习惯的影响，后者不在理论经济学的考察范围之内。

21　*Ibid.,* p.278.

22　Arie Arnon, *Monetary Theory and Policy from Hume and Smith to Wicksell: Money, Credit, and the Economy,* Cambridge: Cambridge University Press, 2011, p.25.

23　转引自马克·布劳格：《经济理论的回顾》，姚开建译校，北京：中国人民大学出版社，2009，第 492 页。

24　大野精三郎：《休谟对市民社会的系统认识》，胡企林译自日本《经济研究》1982 年 4 月号，载《休谟经济论文选》，商务印书馆，1984 年版，第 173—174 页。

25　Christopher J. Finlay, *Hume's Social Philosophy: Human Nature and Commercial Sociability in A treatise of Human Nature,* Continuum International Publishing Group, 2007.

26　休谟主张仁爱论，认为人的秉性中仍有仁爱之心，或许是基于这种认识。

27　这里采用历史学家汤因比的“文明”概念。

序与跋

心灵中的社会存在

——涂尔干《哲学讲稿》中译者序

杜　月

1882年，24岁的埃米尔·涂尔干在巴黎高等师范学院通过了资格考试（agrégation），于当年11月正式任教于巴黎东南70公里的桑斯中学。按照当时法国的教育制度，通过资格考试的年轻教师须在中学任教，同时上交两篇论文（一篇拉丁文、一篇法文），方可获得竞争大学教职的资格。在桑斯中学，涂尔干开设的这门哲学课程面对的是毕业班的学生，课程的目的是让他们了解哲学的基本问题、构成哲学经典的各哲学家，当然，还包括法国自身的哲学体系。这门课程一共包含80讲，于1882—1883学年度完整地教授过一回，但由于涂尔干1884年即离开桑斯中学，调往圣·昆丁中学，这门课在1883—1884学年度被压缩了一些内容。[1]

根据当时桑斯的学生们的回忆，涂尔干是位非常负责又严谨的老师。他的讲授非常系统严谨，每次下课之前，他都会走回到黑板前面，把此次课程的内容条分缕析地作一概括，生怕此前自己比较分散的讲解破坏了课程的系统性，阻碍学生的理解。很多学生太敬爱这位老师，以至于追随他到圣·昆丁中学去旁听他的课程。[2]

我们有充分的理由相信，涂尔干不仅仅由于他的严谨而受到爱戴，一如很多学生认为他“为人和学问一样值得崇敬”，我们能够从以下他在桑斯中学发表的一篇演讲词中看到，他是如何以超乎寻常的热情鼓舞了桑斯中学年轻的学生们：

> 不要以为贬低他人即可以提升自己。莫要有这样错误的耻辱感，要让他人成为你的引路人，这并不会剥夺你的独立。总而言之，要学会尊重自然的优越，同时又不丧失自信。这才是我们未来的公民的样子。[3]

这篇演讲辞论述了大人物和平常人对于社会的作用，其间涂尔干论证了真理可以为所有人所知（这显然是在批驳勒南的观点），“被人所知是真理存在的唯一原因和形态”，同时又鼓励学生摆脱民主的平庸，尊重和鼓励大人物在社会中的作用。这样一篇演讲不但在学理上严谨，更在道德教育上有其着力点，无怪乎涂尔干会赢得众多桑斯中学学生的尊重。

在相当长的时间内，我们对涂尔干此段时期的生活与工作只有这些了解，至于他在桑斯中学的课堂上如何组织课程，选取了哪些人作为经典，又批驳了哪些人的观点，是否有自己的体系，这些我们一概不知。直到1995年，某位学者在查阅涂尔干晚期的材料时，意外地在索邦大学图书馆发现了500余页认真誊写的手稿，名为“埃米尔·涂尔干桑斯中学哲学演讲，1883—1884”。

手稿确定出于 André Lalande 之手，这位著名的哲学辞典编纂者即是当年桑斯中学的学生。在他于 1963 年去世之后，他的手稿就被捐赠给了索邦大学。[4] 对于涂尔干的研究者而言，这一手稿的发现无疑是一巨大的惊喜！然而在初看这份手稿之后，惊喜则相当程度上为失望所替代。这是由于此份手稿中涂尔干所呈现出的面貌乍看之下完全不同于之后我们对他的了解。在这份哲学讲义中，我们看不出任何社会实在论的痕迹，对自杀问题只是一笔带过，对上帝存在的证明更与涂尔干的宗教社会学观点大相径庭。学者们马上提出这样的问题：此份课堂讲义究竟有多少成分是涂尔干的原创？若他只是按照某一拟定的教学大纲照本宣科，此份手稿对于涂尔干的研究是否还有价值？

如何是“涂尔干”的？

首先，我们必须承认，涂尔干本人在讲授这门课程的时候一定感到了某种局限。这是因为，在相当大的程度上课程每一部分应该讲授的内容早已被规定好了。确切地说，早在七月王朝时期，中学教授的哲学课程就已经有了翔实的框架。以库欣（Cousin）为代表的温和派正是要在中学哲学教育中向法国未来的精英们灌输温和的自由主义价值和公民伦理，以此防御激进的共和主义和反动的君主主义对法国的侵害。来自巴黎的教育专家们不但要制定统一考试的题目，还要规定教学大纲的详细内容，更要深入到各个中学检查。

按照库欣的规定，哲学课程分为五个部分：概述、心理学、逻辑学、伦理学以及哲学史。在之后的几十年中，哲学史被要求穿插在其他部分中，而原本在伦理学名目之下的形而上学则被要求单独作为一个部分讲授。甚至每一部分中具体讲授的内容也有具体的规定，如 1880 年的教学大纲要求伦理部分一定要包含思辨伦理、实践伦理（包含家庭伦理、社会伦理和宗教伦理）和政治经济学。

库欣的这一教育系统在若干方面都取得了巨大的成功，不但使哲学脱离神学具有了独立的地位，也使哲学讲授本身更加职业化。但第三共和国成立以来（1870 年），这一体系就面临改革的压力。共和主义者将德法战争中法国的实例归咎于天主教对法国教育的控制，要求彻底清除教育中的宗教因素。这一改革的直接后果是实证科学在大纲中比例大大提升。[5]

因此，涂尔干的讲授内容既应该包括库欣等既有体系中的经典大家，又需要给予孔德和雷诺维叶以相应的侧重。根据我们看到的这份讲义，他确实也是这样做的。我们更可以引述某位督学对于涂尔干的评价，来说明涂尔干确实严格地遵循了当时的各项规定，严格控制了教学内容：

> 涂尔干先生外表严肃，甚至堪称冷漠。他工作努力，博学多闻，机智聪明，尽管他的思想过于严密而缺少穿透力，综合的能力大于创新，他的教授却非常精确严密……[6]

我们是否就可以据此判断，此手稿毋宁是一些标准的教学大纲，而毫无涂尔干的原创呢？可这一结论显然又和某些事实相违背。若涂尔干真的只是照本宣科，他的授课何以被学生们公认极具启发，甚至相当多由于他的离开而不能完整听完全课程的学生去向上一年的学生借笔记来抄写？André Lalande 又何以以一种崇敬的心情逐字逐句地记录他说的每一句话？我们还应该看到事情的另外一面，即涂尔干的独创性。

涂尔干开宗明义，“内在的人，是哲学的领地”，“哲学是有关意识状态及其条件的科学”[7]。涂尔干对于哲学的定义显然拒斥了将“绝对”作为哲学不言而喻的对象，相反，他认为绝对本身的存在是需要论证的。如若绝对确实存在，它的角色也只是意识状态的条件。因此，哲学的母题就是思索人如何在宇宙中为自己寻求位置、进一步找到自身内部与外部的确定性。

我们需要注意，更重要的是，这种以内在的人，即人的意识状态为研究对象的哲学，可以开放前所未有的多样性。哲学固然是研究普遍的学问，但若研究途径是由内至外的，确定性是由个人内在的意识状态作为起点的，哲学也就成了一门包容多样性的学问。涂尔干在论述道德意识的时候说道：“道德意识可以是清晰的，也可以是混乱的，可以是有意识的，也可以是无意识的，可以是错误的也可以是可靠的，可以是启蒙了的，也可以是蒙昧的，但是任何人都不能完全没有它。”[8]

同样重要的是涂尔干对于世界的多样性的强调。在这个面向上他批判了孔德和斯宾塞过于一统、抽象而缺乏变化可能性的体系。无疑孔德的实证主义与斯宾塞的进化论都构成了涂尔干思考的重要基础，但他在多样性和变化的问题上与二者的分歧是极其明显的。涂尔干曾经这样评价孔德的社会学：“孔德认为这门科学已经完满了，它完全被概括成三阶段的法则。一旦这些法则被发现了，就再也无法延伸和发展，更别提发现新的法则。”[9]

这一批判态度在哲学讲稿里也十分清晰，他讲道："并没有什么证据像进化论者和联想论者所声称的那样，能够表明一切对象都有一个统一体。相反，我们所知的一切事物都使我们确信，复杂性和多样性才是整个世界的本性。"[10]

对于哲学的重新定义、对于意识状态与世界的多样性的强调、对于既有哲学体系的批判，这些都让我们看到了涂尔干在规定的教学体系之内独特的着力点。因此我们有理由继续去探讨这一哲学讲稿对于涂尔干研究的重要性，而不仅仅将它作为一本普通的照本宣科的哲学讲义。

如何利用？

若我们已经确认这本哲学讲义具有某种原创性，下一步的问题即是，我们怎样利用它去进一步研究涂尔干？既然这本讲义按照官方的要求详细地列举了构成法国哲学传统的各位哲学家，对他们的体系进行了阐释，更重要的是，涂尔干也对他们阐发了自己的意见，那么一个重要的研究方向即是研究涂尔干学说体系的哲学传统。我们可以将他的哲学学说置身于 19 世纪法国的各学派之中去考察起源于亲缘关系，事实上，此手稿已经发表，学者们就迅速作出了此番努力。

根据这份新发现的手稿，Brooks 在其著作中证实了他的观点，即在孔德为代表的实证科学家之外，库欣等人的学说体系更加直接地构成了涂尔干乃至法国人文科学的基础。[11] 我们看到，涂尔干在手稿中多处提及，讨论可以去伪存真，调和因个体差异而产生的谬误，从而达到真理，而这正是库欣的重要观点。而 Warren Schmaus 在对讲稿的分析中指出需要重新确定涂尔干知性范畴的理论来源。[12]

我们现在的问题是，除了这一研究路径，即，对涂尔干学说的起源重新定位之外，这份哲学讲稿是否还开启了其他的可能性？从直觉上讲，我们其实可以发现这份哲学讲稿有不少语焉不详的地方。这种言语和阐释的模糊可以归咎于涂尔干受到的客观限制：授课的时间、教学大纲的制约、学生理解能力的局限等等。然而这种模糊更可能源自另一种事实，即，当时的哲学体系本身已经无法解答某些困扰涂尔干的问题。因此，如若我们可以发现，在涂尔干之后的社会学著作中，针对这些模糊之处有其着力点，我们就更可以确定这些模糊之处正是连接涂尔干的哲学体系与社会学体系的纽带。这也可以进一步说明，涂尔干的社会学与哲学体系之间存在着比我们原先想像的更加密切的联系。

我们在这里可以举一明显的例子。涂尔干显然不满意康德对于假言律令与绝对律令的划分，对他而言，道德法则绝不必然地要求排除自身利益的考虑。相反，应该为道德法则找到更恰切的内涵，更加完整地也更加连贯地将人置身于其中。“人格”和“目的”是涂尔干为道德法则添加的具体内容，“什么是我们的义务？就是去做我们生而为之的事情。这里我并不是指为某种更高权力所决定的目的，而只是说我们按照某种方式被塑造，趋向于做某些事而不适于做其他事”[13]。

而涂尔干在论证人的社会义务时，又确实阐释了一种颇有社会实在色彩的观点[14]，即，“个体的真理也就是社会的真理。如若一个人威胁到了社会，难道社会没有权利通过遏制他而自卫？……社会有权利自卫，不但防御来自其成员的危害，也要防御威胁其存在的邻邦。”[15] 真理，按照涂尔干的理解，即是对于人格的实现。既然社会有了独立的真理和人格，那么直接的问题即是，个体的人格和社会的人格都需要得到发展和满足，两者之间会不会有冲突呢？实现了个人的人格的同时也就实现了社会的人格吗？两者的目的是否相同？两者的和谐是否也是上帝预设的？然而在形而上学的考察中，涂尔干显然没有回答这个问题。我们要如何理解个体的人格和社会的人格之间的关系？他们是彼此排斥的还是相互形塑的？

而我们有充分的理由相信，这一问题是《社会分工论》关心的核心问题。在此书中涂尔干所运用的自然史的证明，其意义在于说明，个体变化的动力绝不在于个体之内，不在于追求个体的幸福，个体之所以变化，是因为他的生存环境，即社会发生了变化。

“社会容量和社会密度是分工变化的直接原因，在社会发展的过程中，分工之所以能够不断进步，是因为社会密度的恒定增加和社会容量的普遍扩大。”“分工的产生和发展，既不在于个人本身具备了某些特殊能力，也不在于受到刺激以后开始倾向于这些能力，而在于个人必须具有变化的可能性。”[16] 在这个意义上，正是社会密度和社会容量的变化促使人的能力发生了变化，使人的能力自身具有了可变性。在涂尔干看来，社会分工并不使这个特定的人成为木匠，那个特定的人成为教授，其重要性在于使每个人的能力包含着成为木匠或是教授的可能性。这种变化的可能性是社会的改变对于个人的目的、个人的人格所增添的重要内容。

而另一方面，随着分工的深入发展，在人与社会的目的之间也自然地出现了不同步的情况，而这种不同步并不必然带来冲突和撕裂感，相反，它是社会与个人自由的进一步保障。“分工的发展越迅速，个人就越容易与自己的环境和睦相处。但仅仅有了这种环境还不行，人们还应该比较自由地适应这种环境，也就是说，即使整个群体与个人的活动既不是同步的，也不是同向的，那么个人也能够在这种环境中独立生活。”[17]

这就是说，社会的变化使个人获得了一种独立的人格，人们开始有自我意识。人再也不以原先环节社会的固定的组织和标准作为自己的准绳了，现在他开始独立判断。他把自己的整个生命都注入到自己的职业之中，即使在一块小小的领域之内也能在纵深上灌注自己所有的经历。现在的实际的解决方法再也不是试图回到一个简单而普遍的人，做一个什么都懂一些，却又什么都不太懂的半吊子专家，而是潜入到自己的工作中。在劳动中人的一部分能力是已经展露出来的，更多的能力则处于蛰伏状态中。随着分工的发展，人们不断地在纵深的方向上挖掘自己的潜力，把自己变得越加丰富和有力。可以说，正是社会的变化，分工的发展逼迫个体不断地发现自身的能力，向一个丰富而内向的方向发展。这使个体可以成为自己的支点，可以在一定程度上反过来偏离社会固有的存在状态。

由此我们可以了解到《社会分工论》中的问题是如何发轫的。由于涂尔干对于康德道德哲学的批判，他以“人格”这一概念替代了绝对律令，然而却无法在哲学的系统内阐述个体与社会人格之间的关系。这两者复杂的关系需要更加深入的经验和历史思考，而这个问题则终于在《社会分工论》中得到了解答，两者的关系是如此的复杂，绝无法还原到任何一种决定论。

在经验中才能认识经验的条件

涂尔干在哲学讲稿中批判了以穆勒为代表的经验论，他明确地指出，“在经验中，我们是无法找到经验存在的条件的。”[18] 他同样反对费希纳和韦伯等人的方法，即运用实验方法测量心理现象，将复杂的经验仅仅还原为一组组数据。按照涂尔干的理解，感觉是无法测量的，而且任何试图将复杂经验还原为简单测量数据的努力都无法真正解释现象本身。

相反，涂尔干认定时间、空间、实质、原因和目的这些观念的起源是先验的，在这一点上他十分赞同康德。也正是这种对于先验的强调使哲学讲稿与之后的社会学研究之间存在巨大的张力。但是同样重要的是涂尔干对于康德学说的批评：他反对本体世界与现象世界的两分。对他而言，心灵确实需要一套自身的秩序才能认识事物，但是这套秩序绝不可能完全扭曲了经验的自然，以至于心灵并不能看到现实的世界。那么这套心灵自身的秩序，即理性，与经验之间应该如何沟通呢？破除了经验论与康德的超验观念论，涂尔干将用何种方式克服理性与经验的裂痕呢？心灵要如何认识经验，获得经验的确定性呢？

答案就是：心灵依然需要自身的秩序，即理性，作为经验的条件，我们只有通过理性才能认识经验，才能使对于经验的把握具有确定性。但同样重要的是，心灵不能生来就认识自身的秩序，它只有通过经验才能认清理性。“理性总是促使我们将现象与不同于它们的东西发生联系，但它并没有告诉我们这些东西是什么。因此，经验必须介入进来，为我们提供实质观念的具体表现……经验的条件是理性通过某种抽象和一般的方式传达给我们的，而经验可以使我们更具体地去认识这些条件。”[19] 因此，只有通过条件才能认识经验，也只有在经验中才能认识其条件。事实上，对于涂尔干而言，“真理”与“认识”水乳交融，“被人所知是真理存在的唯一原因和形态”[20]。

涂尔干明确地告诉我们，上帝不仅仅是道德法则本身，也是善与德性和谐的条件[21]：

> 上帝不满足于仅仅创造世界，他还要给事物以安排，使它们组成所有可能的世界中最好的世界。神意在时间的源头就发挥作用，统辖世界生活的法则也得以建立起来。神意代表了上帝完全的智慧和善，为他的造物铺展了未来。上帝将这些一般法则永恒地保持下来。他是这些法则的守护者，这就是他对于造物持久的恩惠。因此神意包含着：
>
> 1 从善出发确立法则；
>
> 2 在世界中保全存在；
>
> 3 维护已确立的法则。[22]

因此上帝本身是道德法则获得确定性的条件。我们只有通过法则的实践才能认识上帝的本性，而对于上帝本性的认识可以使得我们进一步获得对于法则的确定性。这种对于上帝的论述完全将上帝当做了意识状态的条件，从而去除了上帝的意志这一面向。上帝作为道德法则的条件，它在经验中是可知可感的，并且可以作为确定性的来源和道德实践的指导。虽然这里丝毫没有提及社会作为神的可能，但不得不承认，二者只有一步之遥。

需要注意的是这里又存在着前后不一和模糊之处：涂尔干明确指出，形而上学的任务是对意识状态的条件加以考察。但是显然，书中对于形而上学的论述，对于上帝的考察只完成了这一任务的一部分，即，考察了伦理行为的条件，而对于另一些重要的意识状态——即涂尔干最重视的逻辑学——的条件，却没有进行任何回答。

逻辑学研究的是为达到真理心灵所应遵循的规则，那么它的条件又是什么？人们是如何确定它的内部法则的？比如，三段论是如何确立的？我们又如何在经验中认识这些法则？时间、空间这些基本范畴又是如何确立的？我们是如何在实践中认识它们的？读者不难发现，这些命题正是涂尔干的宗教社会学以及教育学所研究的内容。

《原始分类》正在于说明，社会生活本身如何使人们认识到时间、空间以及因果等知识范畴。涂尔干并没有反对心灵自然地具有某些特质，但是若没有社会生活，这些法则和范畴决不能被认识，也无法得到深化。“教育所指明的思维方式，则是一个人凭借自身努力所无法确立起来的，它只能是整个历史发展的结果。显而易见，简单粗略的区别和归类与真正构成分类的那些要素具有天壤之别。”[23]

自我审视：获得真理的路径

我们只要仔细地梳理了哲学讲稿中所讨论的经验与其条件的

关系，就立刻能意识到在社会生活中认识到的条件，即“社会规范”并不完全是压制性的存在。这种经验和条件之间的复杂关系正是一种自由的保障。确切地说，获得真理的方法在于对所处经验与条件的自我审视，从而确定每一种意识形态值得信赖和依靠的程度。涂尔干在哲学讲稿中对“批判主义”的简短阐释最好地描述了这种谨慎的自我审视：

> 在教条主义和怀疑主义之间还有一个中间地带，为这样的学说留出了余地：即不以先验的设定为基础，而是去检验我们的相信或怀疑基于什么样的理由，并以此为基础作出决定。该学说考察了我们的许多能力，确认了每一种能力值得信赖的范围，说明了我们相信各种能力的条件。总之，它从批判的角度考察了心灵，并以此考察为基础作出了自己的决定。[24]

这种自我审视以获得真理的态度和涂尔干的社会学研究是否有关？或者它仅仅是一种哲学态度？我们有理由认为，这种经验与条件之间的复杂关系，这种自我审视的态度贯穿了涂尔干的研究。只是，在后期的研究中，这一态度不是即刻的，而是在历史中铺展开来的。需要审视的不仅仅是当时的各种意识状态及其条件，还包括各个历史阶段特有的思维状态及其社会条件。

要克服当代社会中人们的激情与偏见，首先要剖析造成这些意识状态的社会因素；而对于历史的考察则向我们展示了与当代完全不同的思想范畴，以及与其相联系的社会条件。人性的丰富性于是可以在历史中展开，我们于是得以在历史的经验中认识其条件，认识丰富的思想体系，而这种复杂和丰富就构成了对于当代激情与偏见的制约。这就是《教育思想的演进》一书的着力点。

在涂尔干生活的年代，中等教育在人文教育与科学教育这两级之间反复摇摆。大革命的成就在于设立了一套完全以科学教育为基础的教育体系，而在大革命的余波中，人文主义和教会之间结成了一种联盟，从旧时的文学教育那里找到了对他们视为正确有益的教义或原则的最佳支持。于是，教育在这两个极端间摇摆，就看是哪个政党在台上掌权，是更面向未来还是立足过去。这种现实的经验使人们感到，自然科学与人文科学是完全不能调和的两套对立的思维系统，因此必须在两者之间取其一，那么人们的心智也就必然根据自己的气质，意见或是偏见，完全倾向于这一端或是那一端。

在这种情况下，教育要使人们看到自身之中其他的可能性，要让他们熟悉不同时代的思想范畴及其连带的社会组织形态。学生们要知道艺学院是怎样推动了辩证法的教育，耶稣会的政治与信仰如何使人文主义变成了形式主义等等。每个时代的思想范畴都在其经验中被认作是唯一的和必然的形式，然而涂尔干的目的正是使打破这种必然性，打破一切必然的隔阂和分立，使得不同的思想方法和范畴有机地结合成一个整体，这才是解决现代问题的唯一方法。具体来说，我们可以在其各自的历史经验与组织形态中认识到加洛林时期的文法学、经院哲学，以及人文主义的历史观的真理，之后它们就都可以作为一部分整合到现代教育的体系中。现代教育应以文法学训练学生初级的逻辑能力，以经院哲学为基础认识自身与世界的关系，以人文主义的历史观培养对于人性复杂性的认识。这样，科学教育与人文教育就不再陷入现实经验的二分对立中，而可以彼此融合在一起。

这篇简短的前言只涉及几个非常有限的理论接洽点，意在说明这份手稿并不只具有历史的 / 考证的作用。它确实可以提供对涂尔干社会学体系的哲学基础的基本认识，但另一方面，它也可以帮助我们理解涂尔干的社会学研究本身。它不仅与社会实在论有接洽点，也可以帮助了解我们社会本身是如何在涂尔干的体系中登场，甚至可以辐射到涂尔干的社会学中对于自由与真理本身的思考。相信在各位读者的阅读和思考之中，这份极容易被判断为无关紧要的哲学讲稿会展现其众多的可能性与独特的价值。

---

1 Neil Gross: *Introduction, Durkheim' s Philosophy Lectures,* (New York: Cambridge University Press, 2004), 1.

2 Steven Lukes, *Emile Durkheim: His Life and Work* (New York: Harper & Row, 1972), 64.

3 Robert N. Bellah (edit): *Emile Durkheim on Morality and Society,* (Chicago: the University of Chicago Press, 1973), 33.

4 Neil Gross: *Introduction, Durkheim's Philosophy Lectures,* (New York: Cambridge University Press,2004), 6.

5 Neil Gross: *Introduction, Durkheim's Philosophy Lectures,* (New York: Cambridge University Press,2004), 14—19.

6 Steven Lukes, *Emile Durkheim: His Life and Work* (New York: Harper & Row, 1972), 64—65.

7　参见第 1 讲。

8　参见第 61 讲。

9　Steven Lukes, *Emile Durkheim: His Life and Work* (New York: Harper & Row, 1972), 69.

10　参见第 22 讲。

11　John Brooks: The Eclectic Legacy: Academic Philosophy and the Human Sciences in Nineteenth-Century France.(New Jersey: Associated University Presses,1998).

12　Warren Schmaus, Rethinking Durkheim and His Tradition (Cambridge: Cambridge University Press,2004)

13　参见第 59 讲、第 60 讲。

14　因此，我们就不能遵从某些流行的观点，以偏概全地说《哲学讲稿》中毫无社会实在论的痕迹。涂尔干在 1885 年左右明确地提出了社会实在论的命题，他在哲学讲稿中极可能提及自身的某些思考。但这些思考确实只占据了极小的篇幅。

15　参见第 66 讲

16　涂尔干，2005：《社会分工论》，北京：三联书店出版社。

17　同上，第 241 页。

18　参见第 21 讲。

19　参见第 20 讲。

20　Robert N. Bellah (edit): Emile Durkheim on Morality and Society, (Chicago: the University of Chicago Press, 1973)

21　参见第 77 讲。

22　参见第 80 讲。

23　涂尔干，2005：《原始分类》，上海：上海人民出版社。

24　参见第 42 讲。

书　摘

西南联大的学风

易社强*（John Israel）撰　饶佳荣 译

三校联合为联大……融合成一种既同于北大、清华、南开，而又不完全同于任何一校的新特点和新风格。

——李埏，“谈联大的选课制及其影响”

西南联大由北大、清华和南开联合组成。三校各具特色，各有其历史、传统和风格。在这方面，联大与战时由华北另几所高校组成的国立西北联合大学（西北联大）不无相似之处。不幸的是，西北联大不久就沦为私人纠葛与机构纷争的牺牲品，西南联大却在宽厚容忍、和衷共济的精神下坚持了八年之久。

* 易社强（John Israel），西南联大荣誉校友。早年就读于威斯康辛大学、哈佛大学，师从费正清教授，现为弗吉尼亚大学历史系荣休教授。

联大三校

要理解联大成功的经验，我们必须更深入地了解北大、清华和南开。

北大

国立北京大学的前身是京师大学堂，创办于 1898 年，是维新运动的产物。辛亥革命后，大学堂更名为北京大学，简称“北大”。京师大学堂位于一国之都，享有官方优待，很快被誉为中国的最高学府。由于学生都已成人，且是有所建树的学者，师生关系便有点像传统的师徒制，他们携手戮力探寻真理。这一作风遂成为北大的传统。由于功名心切，政治和国事便成了北大学生经常谈论的话题。因此之故，在 20 世纪中国政治转型的各个阶段，北大学生都扮演了重要的角色。创办伊始，京师大学堂的课程设置就是中学西学并重。1905 年科举制废除之后，西学开始占据上风，但北大仍以中国传统的考据、义理、辞章之学和小学蜚声学林。

北大在蔡元培长校时期形成自己的传统。蔡氏受过传统教育，颇有革新思想。1907 年，蔡元培三十九岁，赴欧学习，四年后归国。在此期间，他深悉世界教育潮流，1916 年 12 月担任北大校长后将其教育思想付诸实践。他把北大视为广阔的交流平台，古今中外各种思想和价值观尽可争鸣齐放，学者尽可客观研究、自由交锋、审慎选择。

为贯彻这一理念，蔡元培为北大延揽了一批独具个性和思想的学术明星：反传统的自由思想家陈独秀、千禧年玄学家李大钊、师从杜威的实用主义者胡适、疑古派历史学家顾颉刚。在蔡元培学术自由原则的指引下，这些教授及其学生发起了新文化运动，他们批判传统文化，介绍西方思想，重估一切价值。在激烈的反传统思潮处于顶峰的时候，蔡元培依然为辜鸿铭这样的保守派学者保留了荣誉席位。辜鸿铭曾在牛津学习，时任北大英国文学系教授。他留着长辫，赞成缠足，支持纳妾，拥护儒家君权，在他看来中西之间并无扞格。由此可知，校方对性情古怪的饱学之士持宽容态度，这也成为北大学术自由传统的一部分。

同时，北大也是激进民族主义的发源地。1919 年 5 月 4 日，北大率先发动反帝反军阀的游行示威，导致五四运动的爆发。这次示威游行成为新文化运动的转折点，使胡适等实用主义改革者和陈独秀、李大钊等政治激进主义者从此分道扬镳，也使自由主义和马克思主义的矛盾浮出水面。此后陈独秀、李大钊成为创建中国共产党的核心人物。在 20 世纪 20 年代，北大仍是激进民族主义大本营，也是学生反军阀运动的中心。1931 年，国民政府在南京成立三年后，北大迎来蒋梦麟长校时期。蒋梦麟竭尽全力把北大打造成世界一流的大学。为此，他压制激进的学生运动，设法使北大成为中国政治风暴的“台风眼”。

通过合并、扩张和积累，北大校园囊括了各个时期的校舍，布局上相当散漫，加上地处北平中心城区，这使得她的校园生活难以形成一个整体。北大学生总共不到一千人，校方却无力提供充足的宿舍，因此不少同学住在校外。斑驳的红楼东一幢西一幢，杂乱无章地矗立着，也无法为课外活动提供合适的聚会场所。北大几乎不举行仪式性的活动——不搞每日例行的升旗仪式，不做早操，不搞开学典礼，也没有毕业庆典，自然难以营造集体生活的气氛。

相对宽松的入学标准，不甚严格的功课考评，包容一切的生活姿态，在在体现出自由放任、张扬个性的北大精神。这种风气使得北大学生很不合群，同处一室的舍友常常在寝室中间挂一张床单，四年间老死不相往来。最初，考入北大的学生大都出身官绅家庭，给这所学校留下了雍容的贵族气派，余风迄今未消。有的北大学生天赋异禀，只凭兴趣选择科目，随意旷课，即使通宵达旦唱京剧，也不当一回事。他们几乎不用综合性的教材，总是根据自己的喜好博览群书。他们穿褪色的长袍，上面打满了补丁。与正餐相比，他们更喜欢光顾小吃店，以此补充身体所需的营养。除了在抗议运动时表现出积极的组织才能，一般情形下北大学生天马行空，放荡不羁，特立独行。

清华

1911 年建立的清华学堂，是一所留美预备学校，1928 年改为国立大学。在办学缘起、发展历程和校风建设上，清华与北大迥然有别。秀丽的清华园位于北京城外，其前身是一座皇家园林。在幽雅迷人的自然环境下，清华园里竖立起坚实的现代建筑，并配有便利的设施。北大学生依赖校工送水到寝室，清华学子却可以在宿舍里喝自来水，在体育馆淋热水浴。

风景宜人的清华园里，课外活动丰富多彩，既有各种热烈的体育运动，也有许多文学、音乐和戏剧社团，还有一大批研究团体、班级社团及形形色色的聚会。入冬以后，清华学生还组织滑冰协会，在大礼堂前的湖面上翩翩起舞。因为校园生活格外丰富，学生几乎没有理由离开学校，除了在周末，他们会乘坐每小时一趟的公共汽车到城里聚餐，或拜访朋友。

与北大学生的自由散漫不同，清华学生过着秩序井然、按部就班的集体生活。有些大会以西方议会作为模仿对象，一位观察者这样写道，与会者“庄严的发言，庄严的听讲，庄严的举手表决”。无论什么季节，男女学生都要到室外上体育课，穿短裤做健身操。每日下午五时，他们成群结队来到田径场、篮球场或游泳池，参加更多的体育活动。清华人对竞技体育热情似火，从学校的英语口号“Fight to the finish and never say die”就可略窥一斑。跟课外活动一样，清华的学术生活谨严而有条理。北大可能允许学生偏科，清华则只录取在入学考试中成绩优异的考生。至少，清华要求大一学生通过人文学科、社会科学和自然科学的基础课拓宽知识面。教授上课一般都会点名，不时进行大考小考，而后根据讲义授课，这就是典型的清华作风。正如萧公权教授所观察到的，清华学生“阅读和思想的能力都不弱”，并且“对学术发生了兴趣”。

清华学生热爱传统的蓝布长衫胜过西服，他们在课外几乎不说英语。不过，与包括北大在内的其他国立大学相比，清华带有鲜明的美国烙印。每位清华学子都会几句英语对话，不少人说得相当流利，而北大几乎没有学生能娴熟地用英语交流，甚至外语专业的学生也是如此。留洋深造的北大学生屈指可数，而清华因为特殊的办学背景，考上这所学校的几乎都能负笈海外。由于清华教师经常使用英语，有一位洋教授的夫人对汉语一窍不通，却能在清华园里度过二十个春秋。要是把体育活动的竞争、对新生的恶作剧、活跃的校友会及“啦啦队”精神等源于美国的大学的做派考虑在内的话，北大和清华在校风上的差别就更加显著了。

南开

跟清华一样，天津城外的南开校园风景优美，到处都是坚实的现代建筑。作为华北重要的通商口岸，天津不可避免地给南开带来了某种布尔乔亚的商业气氛。当时全中国的大学生绝大多数都是城市资产阶级的子女，但南开在这方面上更加明显，这部分是因为，作为私立大学的南开，她的学费比国立的北大和清华高。南开最有名的教授集中在商学院和闻名遐迩的南开经济研究所，而商学院是南开特有的学术机构，北大和清华都没有。

不过，市场机制对南开作风的影响，远远不如张伯苓的一言一行。南开是张伯苓创办的，他也是一校之长，负责规划她的未来。作为年轻的海军学校毕业生，张伯苓曾经目睹列强对中国的欺侮，用他的话说，“国家积弱至此，苟不自强，奚以图存，而自强之道，端在教育。”于是他“立志终身从事教育救国事业”。1904 年，他和严修一道创办南开中学（梅贻琦是该校第一届毕业生，周恩来毕业于 1917 年）。最初，南开中学仿照日本模式，但几年之后，从美国归来的张伯苓借鉴了麻省安多福（Andover）菲利浦学院（Phillips Academy）的学制。张伯苓是虔诚的基督徒，也是基督教青年会热心的会员，因此南开中学很重视信仰教育和修身教育，对体育也抓得很紧。

南开大学创办于 1919 年，继承了南开中学的理念。南开以“允公允能”为校训，真切地反映出张伯苓的爱国情操和求实作风。南开学生在学业上大都中规中矩，偶有出类拔萃者（如数学天才陈省身），但总体上既不像清华学生那样多才多艺，也不像北大学生那样头角峥嵘。

北大盛产学生诗人、哲士和文艺鉴赏家，且不乏寒冬夜饮温酒的特出之士。清华人以篮球队队长为榜样，他们毕业后可能前往 MIT 或哈佛深造，业余时间喜欢打桥牌、看电影。南开学子有点像美国本科生，不够老练，但活泼开朗，乐观向上，乐群好动，精明实际，但很少作长远的规划。对他们而言，课外活动特别重要，因为南开注重德、智、体全面发展，并特别讲究群育。在体育教学方面，讲集体荣誉，讲体育道德，讲互助合作，讲坚持到底的精神；反对锦标主义，反对个人出风头，反对胜利第一。这种注重团队的作风，对南开的校务管理、学术研究和学生生活都有巨大的影响。

三校一体

三所大学一旦组成西南联大，各家便争相阐发各校对联大的独特贡献："清华严谨，北大自由，南开活泼。""北大开放，清华严格，南开活泼，而联大是三者的融合。"联大融合了"清华和南开的严谨教学的精神，及北大自由研究的传统。""南开是顽皮好动的孩子，却不免是活泼可喜的；清华沉着和气，有中年气概；北大像是四十开外的人了，深沉老到。"

在经济学家戴世光看来，联大的学风可以概括为"教授治校，学术自由，科学民主，着重实干"。这些特色继承了三所学校不同的传统。教授治校源于清华，由教授而不是校长来聘请学者；学术自由、兼容并蓄是蔡元培时期的北大传统；注重实干来自南开，商学系就是其典型代表。校友金长振认为联大糅合了“北大的主动自由，清华的活泼进取，南开的踏实严谨，形成了学生奋发进取的性格，认真求知的态度，主动自发的行为”。

南开自称是“民国唯一一所享誉全国的非教会大学”，但它无疑是这个联合体中资历较浅的一个搭档。因此，恰恰是南开从这些隽永的格言中获益最多——这些格言在修辞上赋予了三校平等的地位，而实际上并非如此。难怪最有名的箴言出自黄子坚之手，陈序经和查良钊大力宣扬：“南开坚定如山，北大深广如海，清华智慧如云。”而黄子坚、陈序经和查良钊都是南开人。

幸运的是，三所大学不必仰赖诗一般的语言获得团结。北大、清华和南开的历史相互纠结，错综复杂。正如冯友兰1941年代表北大出席清华周年纪念会时所指出的，“我是北大毕业，现在是清华的文学院长；而北大的文学院长胡适之先生，却是清华毕业生。”1946年，时任北大校长的胡适注意到，他既是南开的校董，也是全美清华同学会总会长。北大文学院院长（汤用彤）和理学院院长（饶毓泰）都曾是南开教授。北大数学家江泽涵是南开校友，清华校长梅贻琦、教授朱自清也是南开校友[译注：朱自清毕业于北大]。这种例子举不胜举。

三所学校创办时间不一，发展步伐也不一致，但几乎有机地联系在一起。作为中国第一所现代大学，北大是其他院校的基地。清华早期“五霸”中有三位教授出身北大，即刘文典、冯友兰和朱自清。20世纪20年代，公立大学财务紧张，教师薪资没有保障，于是许多杰出的学者选择了经费稳定的南开，当然张伯苓的个人感召力也是一个重要原因。

南开中学跻身中国最优秀的中学行列，它为北大和清华培养了许多教授和学生。南开中学与清华的关系格外紧密。长期以来，南开和清华这两所大学在足球场和篮球场上旗鼓相当。20年代，南中学生的一大愿望就是考入清华。1927年至1928年，清华挖走了一批优秀的南开学者，其中包括历史学家蒋廷黻、经济学家萧蘧、生物学家李继侗及政治学家萧公权（就职清华之前，萧公权曾在东北大学和燕京大学任教）。几乎一夜之间，清华从学者的接收站转变为输出地，它派到北大开课的教师，比北大回派到清华授课的还要多。

北大、清华、南开三校除了历史上的渊源，有些联大教员还有亲属关系。教授队伍中有兄弟，如闻一多（中文）和闻家驷（外语），费孝通（社会学）和费青（法学），冯友兰（哲学）和冯景兰（地质学），此外不少人有姻亲和叔侄关系。这种关系跨越了北大—清华—南开之间的界限，不分学科，有助于将联大教员变成关系密切的共同体，俨然一个大家族。学生当中，“在大学环境下长大的孩子”也不在少数。一个著名的例子是，未来的诺贝尔物理学奖获得者杨振宁，他的父亲杨武之曾是联大数学系主任。如果把叔侄甥舅关系考虑在内，我们可以绘制出一个错综复杂的亲属关系网，这个网络更加强了师生之间本已相当紧密的联系。

共同的战争经历促成了集体意识。联大师生来自华北校园，而今远离大都市，安扎在偏远的昆明，都曾亲历战火的洗礼，度过艰难贫困的日子。陈岱孙回忆：“警报一响，师生一起跑出去，敌机飞到头上时，大家一起趴下，过后学生抬头一看，原来是某某老师，相视一笑。”在这种处境下，以前高高在上不可接近的教师和谦卑驯顺的学生前所未有地亲近起来。有时，老师和学生一起研究新材料。学生敢于质疑教师，而教师带着欣赏和尊重予以答复。有时，未经提示，教师发现讲授有误，就赶紧改正。学生之间也互敬互爱，切磋砥砺。

三校联合优势互补，使薄弱环节得以加强。例如，清华率先在理科和工科方面取得卓越成绩。通过聘用留美深造归来的本校毕业生，清华能够紧跟现代科学发展前沿。1931 年蒋梦麟就任北大校长，他为一批研究型教授争取基金，聘请年轻有为的学者取代能力较差的年长学者（其时中国学术界还没有终身制），也开始努力发展北大的自然科学。这一时期，北大、清华和北平研究院的科学家联合开设讨论班，以增强学者的团体协作意识。

北大曾在社会科学方面引领潮流，但在 30 年代，由于国民党党徒的正统观念的压制，这些学科渐渐走向衰落。作为一所易受政治左右的国立大学，加上校长蒋梦麟又是忠实的国民党员，北大不得不向官方学说“投降”，相形之下，清华拥有庚款基金，南开经费独立，它们都不像北大那样容易驯服。结果，在社会科学领域，清华和南开开始赶超北大。早在抗战以前，这三所大学在历史学界和社会科学领域里已经是名声在外了。北大和清华的差别在两校著名的学术刊物上就有体现。《历史语言研究所集刊》以北大学者为主力阵容，他们在新文化运动时期顾颉刚和胡适整理国故的基础上，运用现代历史学、考古学和文本考证的方法展开研究工作。而清华学者编有《中国近代经济研究集刊》，1937 年更名为《中国社会经济史集刊》，余秉权认为这是“中国最早把社会经济史当做一个专门领域、深入研究的期刊”。南开经济研究所则致力于探讨当时的经济问题，寻找切实可行的解决方案。

除了在社会科学领域引领风骚，战前十年清华在人文学科上也是硕果累累。梅贻琦虽然出身电机工程专业，但他与各学科的杰出学者都很有交情。他主持清华校务时，有诗人学者闻一多、中国中古史大师陈寅恪、外交史家和思想评论家蒋廷黻、自成体系的逻辑学家金岳霖（除了蒋廷黻，其他人后来都到联大任教）。南开仍以卓越的经济学和商学研究知名，还开设了化学工程学系（清华所无），为联大的工学院作出了独特的贡献。

三校教员不仅相互补充，而且有重合之处。他们志同道合，彼此尊敬，使联大这个学术共同体在昆明自然而然地走向三校历史上互助协作的顶峰。20 世纪 30 年代中期是这三所高校共性增强差异减弱的交会融合之时，这部分是因为这个时期美国模式在中国教育中占据了主导地位。清华的课程设置和教学作风，与南开大体相似，北大也很赞同。因此，当三校在昆明联合时，几乎无人反对这样的办学理念：所有本科生在一、二年级都要接受通才教育，然后才能升入高年级接受专业训练，同时必须通过常规的各种测验和考试。此外联大还接纳了清华的学术层级制。1937 年夏天，北大和清华迈出了历史性的一步，两校相约举行联合招生考试。尽管这一措施因战争爆发而被迫中止，但这种合作的态势预示了美好的前景。

清华声誉日隆，影响日著，与其他学校传统的交相汇合，在政治舞台上也得到了体现。北大学生经常领导爱国运动，但 1935—1936 年的“一二·九”抗日运动最初是由城外的清华（及相邻的燕京）发起的。在运动过程中，联大三校推波助澜，相互影响，发挥了重要的作用。不过，北大—清华—南开学生之间的竞争关系大约一直持续到 1941 年，也就是大部分考入联大的学生在昆明开始他们的大学生活之时。为便于区分，每个学生都有一个以字母打头的学号：P 代表北大，T 代表清华，N 代表南开，A 代表联大。这种标示延续了昔日的烙印。比如，按学号评分时，T 总是排在最前面，N 总是垫底。清华的学术优越感，加上清华师生人多势众，使人们以为清华是主办学校。在昆明入学的许多毕业生至今仍倾向于认为自己是清华校友，而不是联大校友。北大学生秉承了母校的贵族传统，绝不认为自己比清华同学逊色，在他们眼里，清华人只会死读书，毫无趣味可言。只要发觉南开学生不够扎实的学术功底及虚浮可笑的布尔乔亚做派，北大和清华的学生总有几分轻视。

尽管存在着这种竞争关系，但 1939 年有个观察者在昆明发现联大相当和睦的一面："虽然佩戴着不同的校徽，无时不刻不在争吵，但他们不至于打架斗殴。"相比之下，西北联大一帮人却"斗得头破血流"。

学校高层的融合无间更增加了西南联大成功的砝码。要是三位校长都想主导学校的管理，冲突恐怕是无法避免的。南开的张伯苓远在重庆，有时候他会向位高权重的朋友（包括蒋介石）进言，藉此帮助联大。而北大校长蒋梦麟甚至早在战前就对繁琐的校务兴味索然，最终他也去了重庆。作为一名活跃的国民党党员（梅贻琦是出于工作需要加入国民党的），蒋梦麟和其他大学的领导一道，为联大与政府高层的沟通保驾护航。

这样，清华校长就成了联大实际上的主要领导人，但由梅贻琦主持校务，这背后还有一个令人信服的逻辑：清华的教师和学生比另两校的总和还多。由于拥有庚子赔款，清华不仅能够维持本校的运转，还奉献给联大。转移到昆明的大部分图书和仪器也是清华的。另外，梅贻琦的个人风范使他担任这一职务成为理所当然之举。学者风度，温文尔雅，寡言少语，勤俭节约，民主通达，公正无私，他从一开始就赢得了普遍的尊敬。梅贻琦和他的妻子及四个孩子住在西仓坡一幢房子的楼上，他和儿子祖彦同屋。白饭拌辣椒是他们一家的主食，而普通的菠菜豆腐汤已是相当不错的待遇了。梅贻琦每天步行上班，把归他个人使用的汽车让给了联大。有一次，为了处理校务，要到成都出差，他放弃了搭乘飞机的便利，不辞辛劳地坐长途邮车回校，为联大省了两百元。某年，教育部捐了一笔钱资助联大学生，梅贻琦却不允许发给当时同在联大念书的四个孩子一分钱。当独生子祖彦自愿参军时，他给予了支持，并为儿子祈福。在处理清华、北大和南开三校关系时，他不偏不倚，坚持一碗水端平：他把工学院清华服务社经营所得作为额外的月薪，发给三校教员。

梅贻琦治校看上去像个道家，奉行无为而治的原则，但实际上，他事无巨细，一丝不苟。他主持联大常务委员会，其成员包括蒋梦麟和张伯苓或他们的代表及列席的其他学校领导。他审慎而明智地给三校杰出的教授委以学校高层管理职务。常委会在名义上由三校校长组成，实际上由梅贻琦主持，其下设有教务处、训导处和总务处。教务长最初来自北大（樊际昌），而后出自清华（梅贻琦和潘光旦）。训导长查良钊与南开颇有渊源。第一任总务长是清华的秘书长沈履。

1941 年，郑天挺取代沈氏，担任总务长。在联大校务管理中，郑天挺是个不可或缺的人物，做了大量鲜为人知的工作。抗战前，郑天挺担任北大秘书长。作为蒋梦麟的得力助手，他擅长处理各种日常事务。而在联大，郑天挺职务更多，责任更重。他协助梅贻琦负责具体工作，蒋梦麟缺席时他就成了北大的代表，负责解决各种问题。当学校遇到财政困难，郑天挺就去银行取钱发工资，并制定策略应对重庆的指示。每月临近发放教员粮食津贴时，他派代理人到云南农村寻购最便宜的大米。同时，他在北大文科研究所指导研究生，还承担颇受好评的明清史教学任务。

在学院一级，三校之间也谨慎地保持均衡。文学院院长是冯友兰（清华），法商学院院长先是陈序经（南开），后是周炳琳（北大）。清华理学院、工学院的师资都超过另两校，所以院长均为清华人。工学院院长是施嘉炀，理学院院长先是吴有训，后是叶企孙。师范学院院长由南开的黄子坚担任。在联大最后的岁月，梅贻琦在北平忙于清华复校，就由北大的傅斯年代理联大校务。

联大的行政机构精干、高效，不养闲职，拒绝冗员。甚至像注册组这样重要的部门，也仅靠几个人运转。各系系务由系主任负责主持，辅以一两位助教或助理。伙食由学生自行解决。

教授会由教授和副教授选举产生，授权处理学校的大政方针，不定期举行会议。它通常处理迫在眉睫的问题，特别是联大与重庆政府之间发生严重分歧时，譬如，1945 年联大学生发起的“一二 · 一”运动，就是最有名的例子。教授会每年轮流选出十一名代表，参加校务委员会。校委会成员还包括三位常委、各学院院长、教务长、训导长和总务长。校委会讨论学校的各种重大问题，并制定各项规章制度。其职权为审议学校的预算，决定院系的设立和废止，颁布实施规章制度，增建校舍添加设备，讨论改进校务。

教师参与各种学校事务。应学生的要求，教授为业余社团出谋划策，同意校方成立各种专门委员会，这种委员会一度有六七十个之多。专门委员会检查图书馆事务，指导防空工作，编定校歌校训，接待新生，指导大一学生课业，审核毕业生成绩，颁发奖学金，租建校舍，聘任教职员等等。当学校1940年秋计划迁入四川时，有几位教授便率先到可能的地点勘查，最终决定在叙永建立分校，录取新生。教授治校基本上是清华的传统，在某种程度上也是北大的传统；但是，由热心公益的通才和少数几位职员管理一个共同体，这种理念我们在毛泽东处理战时紧要事务时也能看到，即所谓的“延安道路”。

联大能顺利运转，首先得归功于梅贻琦及其同事的经营，考虑到联大是一个“混合物而不是结合物”（周明道语），就更是如此。三所学校继续自行聘请教员，向本校校友说明情况，各自授予学位，各建各的研究所，各自举行校庆活动，用各种办法维持自己的身份，包括保留各自的管理机构。陈岱孙时任清华法学院院长，而联大的法商学院院长是陈序经或周炳琳。正如冯友兰所说，联大“好像是一个旧社会中的大家庭，上边有老爷爷、老奶奶作为家长，下边又分成几个房头。每个房头都有自己的‘私房’。他们的一般生活靠大家庭，但各房又各有自己经营的事业”。

通才教育在联大

拥有大约三千名学生，五个学院，二十六个系，两个专修科和一个先修班，西南联大是战时人数最多、规模最大的综合性大学，尽管它没有农科、医科和美术系。大学课程已很丰富，但新的科目训练仍不断增加。有些是根据新的研究成果而增设的，有些是基于国际学术的新动向而开办的。而且，由于三校雄厚的师资，即使只有几个学生选修的极为冷僻的专业课，也能坚持下去。每学年开设的课程贴满了总务处办公室的墙壁，成为名副其实的“书山”“学海”。日复一日，同学们在那里逡巡徘徊，兴致勃勃地抄课表，准备选课。兴趣再广泛的学生也不能把所有想选的课都列入自己的科目表，因此旁听就成了大学的一道风景。钱穆的中国通史课，真正选修的有数十人，旁听者多达数百人，以致座无虚席，后来者只能站在门外窗前听讲。

联大实行学分制，修满 132 个学分方可毕业，不过师范学院得学五年（包括实习），要求修满 170 个学分才能拿到毕业证书。联大本科生必须修完几门不计学分的课程：军训、“三民主义”及大学四年的体育。各学院必修课与选修课的安排不尽相同。文学院的必修课为 50 学分，选修课为 86 学分，法商学院和理学院也大致如此。平均说来，一个学生每学年要修七八门课，每天有三四小时在教室里度过。

联大的目标是使学生接触尽可能广阔的知识世界。如梅贻琦所说，“通才为大，而专家次之。”这一理念要求学生拥有深厚的学术基础，然后结合自己的爱好和特长学习。联大以美国的通才教育为楷模，它的课程设计有意放宽口径，让每个学生都能自由选择。按规定文法学院学生至少必修一门自然科学，不过可以在数学、物理学、化学、生物学、生理学、地质学中任选一门，而两门必修的社会科学可以在经济学、政治学、社会学中选择。每个学生都得学习哲学入门和科学概论。即使是所有学生必修的中国通史、西洋通史、大一国文和大一英文等核心课程，在不同班级和教师中也有相当大的选择余地，而且在头两周可以自由补选或退选而不受惩罚。

中国通史、世界通史和数理化概论由两三位造诣深厚、经验丰富的教授在不同教室同时讲授。别的课则安排在不同时间，或轮流开设。有一年，闻一多、游国恩和罗庸各自讲授《楚辞》，而彭仲铎和唐兰也开过这门课。这样安排，既可以促进教师之间的良性竞争，也可以激励学生独立思考。

大师云集，学术自由，加上三所高校良好的声誉，联大吸引了大量品学兼优的学子前来报考。根据战时不同的情形，联大或者独自举行招生考试，或者与国统区其他高校联合招生。无论采用哪种方式，联大都严格按照成绩录取新生，而被录取者往往拥有很强的自学能力，都能敞开胸怀呼吸联大自由的学术空气。恰如陈岱孙所指出的，不是学生的天赋，而更主要是联大的学风使他们发出耀眼的光芒："有人说，联大的学生都是尖子，是进步的，是天才。这不见得，他们还是一般的学生。一般的人在某种条件下也可以做出一番事业来，不一定天才才有大的成就。"

对于教员和学生，联大提供最大的空间，使他们最大限度地保持独立。学生可以享用这种自由，在知识的海洋中尽情遨游。在讲授内容、教学方法和学业考评方面，教师几乎拥有全部主动权。在中国西式的大学被狭隘的、专业化的、僵化的苏联体制改造了将近40年之后，回首昆明经验，一位历史系校友对联大模式发出由衷的赞叹："因为年轻人的爱好和长处是多种多样、各不相同的。对他们的教育，应该是因材施教、因势利导，尽可能使他们每个人的爱好和长处得以充分发展。”当然，自由并不意味着松懈散漫。在联大，就像战前的清华一样，大考小考不断，要求极其严格。涉及基础理论的课月考一次，而在工学院和理学院月考两次。以理学院为例，计量时发生误差意味着会丢掉50%的分数，方法错误就等于缴白卷吃零分。八千学生通过了联大的入学考试，但仅有三千八百人毕业，许多人被“自然选择”淘汰出局，这反映出联大严格要求的一面。

联大教师

在20世纪上半叶，有两种模式（“京派”和“海派”）主导了中国的高等教育。一般认为，京派学问上比较扎实，思想上偏于保守，并带有浓厚的士大夫习气。有时，这些知识精英自命清高，疏于国事，甚至在30年代仍然如此，而此时日本侵略加剧，国民党却奉行绥靖政策，致使华北的大学岌岌可危。然而，有些教师继承了五四时期实干爱国的传统。京派的两种代表（士大夫和爱国学者）辗转来到昆明，战争后期，爱国学人比士大夫影响还大。

联大教授是个卓越的群体。抗战期间，聪颖明达的年轻学者的加入，更增强了联大已很强大的教师阵容。这些青年才俊包括伦敦经济学院博士伍启元、富有创作才能的作家李广田、才华横溢的人类学家费孝通。对教师的选聘是很严格的，最有前途的新秀被北大、清华和南开包揽，再由联大加聘。他们所在的学校期望他们战后能够继续为本校服务。当然，也有一些教师离开联大到别处工作，历史学家钱穆和作家钱锺书就是显著的例子。尽管有这种损失，但我们不能不赞同校友李埏的评价：联大教授“是并世无与伦比的”。

虽然有少数教师年复一年照本宣科，但就整体而言，联大教授以原创闻名。教师共享研究成果，师生协力钻研，实属常见。联大学生基本上都是本科生，但教授传授的却是自家的研究成果，而不是人云亦云易于理解的“大路货”。历史学家陈寅恪讲授隋唐史时，在第一堂课就告诉学生：“前人讲过的，我不讲；近人讲过的，我不讲；外国人讲过的，我不讲；我自己过去讲过的，我不讲。现在只讲未曾有人讲过的。”

在中国学术界，学人相轻可能比学者互敬更普遍。联大就有明显的例子（历史学家皮名举和古典文学专家刘文典就很瞧不起他们认为不入流的学者），但该校大部分教授还是互敬互爱，甚至相当亲密。他们经常告诉学生在某方面某位同事懂得更多，有时还互相听课。大多数情况下，教授们都会开诚布公地表达不同见解。一位左翼批评家承认，在联大宽松自由的空气下，“学派渊源各不相同的”学者可以“齐放争鸣”。

联大教授群体是世界主义者。在179名教授和副教授中，只有23人未曾留洋。有些人赴欧洲留学，有些人在北美深造。而取得美国学位的联大教授比比皆是。对大多数教授来说，英语不只是一门外语，更是他们语言和概念上不可缺少的工具。学生很快学会做双语笔记，因为他们的老师授课时不时蹦出英语单词、短句，常常用英语板书专业术语，而且，在条件允许的情况下还会使用美国或英国的教科书。

一点也不奇怪，联大教师一般都赞同西方的这种或那种自由主义。不过，他们身上仍保留着士大夫文化的遗迹，因此难逃非议和批评。1981 年，校友王康写道，由于“时代和个人经历的局限”，联大教授不可避免地沾染着“封建的资产阶级的糟粕”。站在马克思主义的立场，王康认为，即便是联大学风的精髓——蔡元培兼容并蓄的传统——也不无瑕疵：

> 当然在旧社会条件下……即或有所容蓄也有其局限，如马克思主义者就较难受到容忍。这固然与三校当权者的正统观念有关，同三校讲究学历、资历及宗派师承有关，但主要的责任毕竟还应由国民党反动派承担。

这种指责看上去义正词严，果真如此的话，这就意味着联大引以为荣四处宣传的学术自由思想其实并非如此。联大没有活跃的马克思主义学者的身影，就这一点而言，英美派学者恐怕难辞其咎。1936 年，“华北共产党党魁”张申府被清华除名，政治学家张奚若、钱端升在这起事件中起了相当大的作用。对此张申府理直气壮地指出，这个控告“荒谬透顶”，因为他几年前就已退出共产党，但“只讲政治不讲哲学”的责难还是被一位学生记录了下来。这位留学法国的通才本来就与拥有美国渊源的清华格格不入，加之在课堂上“大放厥词”，以及由此引发的政治压力，导致他被解雇。毫无疑问，张申府对伯兰特·罗素的倾慕，即便不能抵消，至少可以缓和马克思主义对他的影响。虽然张申府案不同寻常，但教授中不乏各种哲学流派的背景，偏偏缺少马克思主义者，这很可能是联大重视“学历、资历及宗派师承”的结果。在 20 世纪三四十年代的中国学术界，几乎没有马克思主义者能够达到专业水平。尽管如此，当受人尊敬的学者吴晗和闻一多参与共产党的活动时，他们的地位并未因此发生动摇。

在长沙和昆明的九个年头，这所大学只发生过两次令人瞩目的解聘事件，当事人分别是直言快语的自由主义者（罗隆基）和鸦片瘾君子（刘文典）。由此看来，联大学术自由的记录在民国史上已属例外，而共和国时代的作为更是望尘莫及。

译者后记：

本文原载九州出版社 2012 年版《战争与革命中的西南联大》(*Lianda: A Chinese University in War and Revolution*)，此次应王志毅先生约稿，稍事修订，以飨读者。初译和修订过程中，得到了易社强、李晓亮贤伉俪和刘永华老师的指教，特致谢忱。

品　书

法藏的譬喻：因袭故典还是自出机杼？

艾俊川

对中国雕版印刷起源年代的认识，人们的分歧正在缩小。近年来研究者多接受“初唐说”，即7世纪后半叶唐高宗及武则天当政时期（650—704）雕版印刷已广泛使用。这多半缘于日本学者神田喜一郎（1897—1984）从汉文大藏经中读出唐代僧人法藏（643—712）的几段讲经文字。神田喜一郎于1976年在《日本学士院纪要》（34～2）发表《中国における印刷術の起源について》一文，介绍他的发现和观点，在学界产生广泛影响。他去世后，文章被译成中文（题为《有关中国印刷术的起源》，高燕秀译），连载于台北《故宫文物》月刊1988年第6、7两期中。

法藏在他讲解《大方广佛华严经》的著作《华严五教章》（又名《华严一乘教义分齐章》）中回答“佛说法是否有前有后”这一问题时说：

> 一切佛法并于第二七日，一时前后说，前后一时说。如世间印法，读文则句义前后，印之则同时显现。同时、前后，理不相违，当知此中道理亦尔（“教起前后”章）。

据神田喜一郎论证，《华严五教章》成书于唐高宗仪凤二年（公元677年）前后。十几年后，法藏复撰成《华严经探玄记》，在回答同一问题时，又说：

> 同时而说。若尔，何故会有前后？答：如印文，读时前后，印纸同时（卷二）。

神田喜一郎分析说，“我们在读印刷的书物时，是从前面依顺序往后面读之，但书物在付印之时，就没有前后顺序的区别了，是同时被印出来的。像此种将版木一枚一枚刷印制成书本的木版印刷方式，我们有知道的必要。法藏将此种印制方式当成比喻，告诉大众。从以上所说的看来，我想在法藏的时候，木版印刷已经在一般大众之间广为流行了。这是很有力的立证。”（《文物光华（六）》，第200页，台北故宫博物院编，1992年。）

在发现“世间印法”譬喻之前，貌似能证明雕版印刷起源较早的文献资料也有不少，可惜追究起来，不是人们阅读理解有误，就是古书本身存在问题，证明力都不强，所以聚讼百年，仍无定论。而从字面看，法藏的话中包含了印、文字、纸，还有一个“印纸”操作，几乎具备了印刷的所有要素，形成完整的印刷过程，故此“初唐说”被广泛接受。如中国学者孙机也认为，

“法藏的这些话含义十分明确，没有产生误解的余地。而且他既然用印刷术打比喻，说明佛教信士们对这件事也不陌生。法藏主要活动于初唐，他的这些话是中国初唐时已有雕版印刷的铁证”（《印刷术：中国古代的伟大发明》，第 14 页，新星出版社，1997 年）。

起源问题可称为中国印刷史研究的首要问题，如果法藏确实在用雕版印刷术喻说佛法，那么搜寻出他留下的明确时间坐标，是印刷史研究的重大突破，可喜可贺。但他的话也有一点让人隐隐不安：正像开启了中国印刷史研究进程的卡特观察到的那样，“汉文中的‘印’字，兼具印章和印刷两层意思”（《中国印刷术的发明和它的西传》，第 22 页，商务印书馆，1991），人们必须排除“印章”，才能落实“印刷”，究竟法藏所言其意云何？当把阅读范围扩展到法藏的整部著作以及更多佛典，而不是局限于断章零义之后，我们会发现，这种“不安”并非庸人自扰：法藏说的“印”，义指“印章”的可能性远大于“印刷”，至少不可以径指为“印刷”。将其称为雕版印刷起源的铁证，未免过于乐观。

先放开法藏的譬喻。“印”本来就是《华严经》中的重要概念，除了印现、海印、智印等宗教引申义外，经中也出现很多使用印章、钤印本义的“印”。《华严经》有三个主要译本，最早的是东晋陀跋陀罗译六十卷本（译始于义熙十四年，418 年），或称“六十华严”，也是法藏讲解的本子；居中的是与法藏同时代而稍后的唐实叉难陀译八十卷本（译成于圣历二年，699 年），或称“八十华严”；最晚的是唐般若节译四十卷本（译成于贞元十四年，798 年），或称“四十华严”。三位译者在选词用语上并不雷同，有助于我们对经文的理解。

“六十华严”《离世间品》有“世间……印法”一语：

> 菩萨摩诃萨善巧方便、究竟彼岸，随顺世间……示现一切世间书疏、文诵、谈论、语言、算术、印法，一切娱乐，现为女身才术巧妙，能转人心，于世间法离世间法，悉能问答究竟彼岸；于世间事离世间事，亦悉究竟到于彼岸。

“八十华严”译作：

> 菩萨摩诃萨到善巧方便究竟彼岸，心恒顾复一切众生……一切世间文词、咒术、字印、算数，乃至游戏、歌舞之法，悉皆示现，无不精巧，或时示作端正妇人，智慧才能世中第一，于诸世间出世间法能问能说，问答断疑皆得究竟；一切世间出世间事亦悉通达到于彼岸。

此本于《十地品》又有类似说法：

> 此菩萨摩诃萨为利益众生故，世间技艺靡不该习，所谓文字、算数、图书、印玺；地、水、火、风种种诸论，咸所通达。

可见，“六十华严”中的“印法”，就是“八十华严”中的“字印”、“印玺”，为印章无疑。世传梵文本《华严经》中，此“印法”对应的 mudrā，同为“印章”之义。

“六十华严”《入法界品》说：

而亦不违种生芽法，悉知一切从因缘生，如因印故而生印像。如镜中像，如电，如梦，如响，如幻，各随因有。

“八十华严”《入法界品》译作：

知一切法如种生芽故，如印生文故。知质如像故，知声如响故，知境如梦故，知业如幻故。

“四十华严”则译作：

知一切法如种生芽不失坏故，如印印文相续起故。知质如像故，知声如响故，知境如梦故，知业如幻故。

可见，句中作为名词使用的“印”为印章，作为动词使用的“印”则为钤盖。印章以能复制文字图像而被说法人用作譬喻。

从佛经中还可看到，在佛说法时的印度“世间”，制作使用印章是婆罗门必备的几项技能之一，有点像中土的“六艺之一艺”。当时人擅长“印法”，仅《华严经》的三个译本中就有多例。

“六十华严”：

（释天主）答言：“善男子！文殊师利教我相靥子法、算数法、印法，我因知此三种法故，得一切巧术智慧法门。善男子！我因此法门故，知靥子、算数、印性。”

“八十华严”：

自在主言：“善男子！我昔曾于文殊师利童子所，修学书、数、算、印等法，即得悟入一切工巧神通智法门。善男子！我因此法门故，得知世间书、数、算、印界处等法。”

“四十华严”中除自在主童子外，具足艳吉祥童女也擅长印法。其母赞美说：

此女非长亦非短，亦复不粗亦不细，身诸部分悉端严，众相圆备无讥丑。世间所有诸技艺，文字算印工巧法，言辞讽咏皆清妙。

又有多罗幢城多智大婆罗门对善财童子讲说四种姓各艺其业：

言艺业者，并从髫龀以至壮年，各于其伦习学其事。若婆罗门业，修智慧、图书印记、纬候阴阳、身相吉凶、围陀典籍。

正因为印章的普及与流行，而且它能如实、快捷复制文字与图像，与印成品具有直接因果关系，种种特性与佛法有奇妙契合，故佛经中除引申“印”的意义，使其成为佛教名词外，还就“印法”多方取譬，妙意横生。《华严经》外，再举数例。

北魏般若流支译《正法念处经》：

如印印物，彼不似印，印软物坚，则不能印；印坚物软，印则文生。

北凉昙无谶译《大般涅槃经·狮子吼菩萨品》第十二之三：

如蜡印印泥，印与泥合，印灭文成，而是蜡印，不变在泥。文非泥出，不余处来，以印因缘，而生是文。

隋阇那崛多译《佛本行集经·空声劝厌品》：

生灭无体故，如印印成文，非彼非离彼，诸行亦如是。

唐玄奘译《寂照神变三摩地经》：

信解随因所起诸果，如印起印成一切法。

这时让我们回到法藏的譬喻，就会发现，法藏著作与佛经特别是《华严经》使用同一话语系统，他所说的“世间印法”显然直接来自《华严经》的“示现一切世间书疏、文诵、谈论、语言、算术、印法”；“印之则同时显现”则脱胎于《华严经》的“如因印故而生印像”。

法藏“世间印法”的说法基本袭用了《华严经》的现成譬喻，他“以经解经”的出新之处在于引用成语时加入了能体现时代特点的新元素——纸，将“世间印法”的“世间”从佛说法时代拉近到他身处的时代。

在“八十华严”译成后，有长者李通玄撰《新华严经论》，也以“印”为譬解说佛法：

> 一时顿印如印印泥；一时顿印无有先后中间等（卷二）。

取譬与法藏相似而固守“印泥”本义，一方面说明李氏解经相对拘谨，另一方面也说明在法藏之后，唐人解经仍将“印”指为印章而非印版。

佛教产生时没有纸，能“印”的只有“泥”，所以尽管古印度印章十分发达，佛经常常提及，人们也不会误解这是在讲“印刷术”。法藏将“印泥”譬喻转换为“印纸”，透露出在他身处的时代，将印章钤盖在纸上而不是泥上，已是寻常生活情景。能否认为这就是雕版印刷的流行？这个问题比较纠结，但在印刷史研究中还是有基本共识的：雕版印刷在很大程度上受印章启发而产生，将印面扩大，文字增多，钤印改为刷印，雕版印刷术就出现了。但在这些演变未完成，特别是“刷印”尚未出现时，使用印章复制文字图像不能称作“雕版印刷”。且不说法藏的譬喻只是引用佛经成语，即使他自出机杼，从文中也看不出此“印法”具有雕版的技术特征，难以证明雕版印刷在“初唐”已经发明甚至成熟。

退一步说，如果把在纸上钤盖印章看做是印刷术发明的一个过程，对法藏譬喻的意义也不能过高估量，因为在他之前，“或印绢纸”（唐僧义净《南海寄归内法传》语）已有很多明确记载。

如《魏书·卢同传》记卢同奏设“朱印勋簿”之制：

> 肃宗世，朝政稍衰，人多窃冒军功，同乃表言：……请遣一都令史与令仆省事各一人，总集吏部、中兵二局勋簿，对勾奏按。若名级相应者，即于黄素楷书大字，具件阶级数，令本曹尚书以朱印印之……诏从之。同又奏曰：……请自今在军阅簿之日，行台、军司、监军、都督各明立文按，处处记之。斩首成一阶已上，即令给券。一纸之上，当中大书起行台、统军位号，勋人甲乙。斩三贼及被伤成阶已上，亦具书于券。各尽一行，当行竖裂。其券前后皆起年号日月、破某处陈、某官某勋，印记为验。

其中分别说到在绢帛（黄素）和纸上钤盖印章，且印色为朱色。又如同书《萧宝夤传》记正光四年（523年）宝夤奏设“官吏考计”之制：

> 既定其优劣，善恶交分：庸短下第，黜凡以明法；干务忠清，甄能以记赏。总而奏之。经奏之后，考功曹别书于黄纸、油帛。一通则本曹尚书与令、仆印署，留于门下；一通则以侍中、黄门印署，掌在尚书。

同样要在纸和帛上钤盖官印。

两件事都发生在魏肃宗（即孝明帝，515—528年在位）当政期间。可见早在此前，印章已加于纸帛之上。在实物方面，国家图书馆藏敦煌所出写本《杂阿毗昙心论》，纸背捺印四周环绕梵文的墨色佛像并钤“永兴郡印”朱印，李之檀考此永兴郡为北周所设，钤印年代在561—574年之间（《敦煌写经永兴郡佛印考》，《敦煌研究》2010年第3期）。此件纸上同时钤有佛像印与官印，可略窥雕版印刷术发明前印章用法之一斑。

图一 《杂阿毗昙心论》上的捺印佛像

图二　《杂阿毗昙心论》上的“永兴郡印”

“黄跋”的魅力

吴兴文

书友胡同，布衣书局主人。虽经商，却不时割爱予我。某次从中国书店小拍，获得己巳（1929年）冷雪盦印行《士礼居藏书题跋补录》，后归我。此书系大兴李文裿辑印成书，冷雪盦是他的室名，曾任北京市立第一图书馆馆长；相较其他辑录黄丕烈题跋者，钱仲联称本书补辑，比已经出版各本多得《谗书》、《淮海居士长短句》题识两篇。只要有他的题跋，字值千金，世称“黄跋”。

士礼居即黄丕烈的书斋名之一，因得《仪礼》宋版注疏各一本而得名，是他最为世人所知的名号。他是乾隆、嘉庆年间文献的宗主。他同时做到藏而能鉴，鉴而能读，读而能校，校而能刊，刊而能精者，身后受到藏书家的追捧，纷纷将其题跋结集成书。叶昌炽称其：“得书图共祭书诗，但见咸宜绝妙词。翁不死时书不死，似魔似佞又如痴。”如今这些题跋，就像他死后灵魂附身，留给后人无限的遐思。

为友人之孙写题跋

有趣的是，本书收 28 篇题跋，其中有“张芙川景宋本·营造法式三十六卷”。此本流传有序，即清初述古堂抄本，钱曾得自钱谦益的明抄本，是从绍兴本影抄而来。其后张金吾购得述古堂的影写本，道光年间转往张蓉镜（字芙川，即本题跋中的伯元）。丁丙八千卷楼藏本据说即张蓉镜的抄本，朱启钤在江南图书馆发现的《营造法式》，即丁丙嘉惠堂的抄本，后来为其影印出版，世称“丁本”；可见此本的重要性。黄丕烈在跋中感慨说：“今伯元少年勤学，不但世守楹书，而又能搜罗缮写，以广先人所未备，得不谓之有后乎！余年已及耆，嗜好渐淡，所有不能自保，安问子孙。”

难得的是，张蓉镜即黄丕烈于乾隆五十八年（1593 年），同赴北京应试张燮（字子和，号荛友）的孙子。张燮虽长他 20 岁，但如跋中开始言：“张子和有嗜书癖，故与余订交尤相得。犹忆乾隆癸丑间，在京师琉璃厂玩市，一时有两书淫之目。”后来张燮考上进士，由翰林改部曹，出为观察。但两人的友谊有增无减，“偶相聚首，必以搜访书籍为分内事。”甚至张燮请假、或奔丧返家的时候，搭船互访，在对方家里，互相鉴识所得，过足书瘾。所以跋中说：“盖我两人之合作由科名（一起考进士），而订交实由书籍也。”两人从书癖而成为终身朋友，并延至子孙；道光元年（1821 年）为张燮的孙子作此题跋。黄丕烈为此事，有诗纪实云：“琉璃厂里两书淫，荛友荛翁是素心。我羡小琅嬛福地（张燮的藏书楼），子孙世守到于今。”真是一对难得的爱书人，留给千古，传为美谈。

更令人感慨的是，黄丕烈在跋中说："余谓此书世鲜传本，而今得此精抄之本自娱，固为美事。然人所难得者，最在世守一语，语云：'莫为之前，虽美弗彰。莫为之后，虽盛弗传。'"可说感慨颇深，为了守住藏书，必须要有大彻大悟的心理准备。

它的可贵在友谊

嘉庆四年（1799 年），著名杭州画家陈鸿寿（曼生）为周锡瓒（香岩，1742—1819）、顾之逵（抱冲，1753—1797）、袁廷梼（寿阶，1762—1809）与黄丕烈（荛圃，1763—1825）画《藏书四友图》。他们四人在同时同地藏书，关系亲密，时相往来切磋，交换彼此藏书，在藏书志趣、规模及整理研究方面比较接近；此后"藏书四友"之名遂称于世。特别是从"黄跋"中可以得知他们的友谊，留给后人无限的向往。

周香岩四人中年龄最长者，生于乾隆七年（1742 年），长黄荛圃 21 岁，黄每称其为丈。其藏书之富，段玉裁住在苏州时，常常跟他借书。黄丕烈每次购书，一定向他借藏书过来考订。两人从乾隆五十八年（1793 年）开始交往，到嘉庆十七年（1812 年），顾抱冲和袁寿阶先后去世，此时周已 71 岁，垂垂老矣，黄则 50 岁，刚过中年，还在故纸堆中找乐趣，荛圃不禁感叹："可喜亦可忧也。"顾之逵虽长黄丕烈 10 岁，但两人藏书的时间相近，彼此先讨论，在下手收藏。顾死后将藏书，托付其弟东京，嘉庆十八年（1813 年）乔迁，荛圃前往道贺，看到抱冲的长子，已长大成人，藏书还在，黄也庆幸自己，尚可守住藏书；7 年后顾家已散落大半。

袁廷梼有抄书癖，嗜藏书，兼嗜砚，藏砚五，都有元、明间袁氏名人手刻砚铭，故名藏书的地点为“五砚楼”。只长黄丕烈一岁，黄时常跟他讨论藏书。荛圃的长女嫁给寿阶次子，两家为姻亲。嘉庆十四年（1809年）袁廷梼过世后，他的女儿开始卖书，连袁氏先人的著作《静春堂诗集》也散出。寿阶生前拟将几种残宋本送给荛圃，不久便病故。黄的女婿也不懂书，父亲过世后，藏书一半散去，一半请岳父代管，荛圃为此赋诗感叹：“漫说收藏五砚楼，人亡人得已堪忧。而今楼在人何在，手触遗编涕泗流。”可知两家交情之深。

嘉庆十五年（1810年），黄丕烈取出袁廷梼未曾校勘的《刘子新论》明抄蓝格本。此书世鲜传本，虽然万历刊本周子义辑《子汇》、程荣辑《汉魏丛书》中有收入，但错误很多，不能作为依据，暂时以旧抄为主。自己收藏的《道藏》本，早已售出，转而向周锡瓒借活字本，却只能当作参考。后来听说经学家孙星衍，买到宋小框细字残本，两年后跟他借来校订。来年因为家操心，精力分散，兴趣降低，是他心情最差的时候，只好为自己打气：“古人谓凡人为一事，到成就处必有魔来袭之。”同时第三个儿子寿凤，已经能读家里的藏书，以后就靠他了。嘉庆二十一年（1816年），向苏州玄妙观借到《道藏》本，发现孙星衍的宋小框细字残本，缺失的部份所补的明刻本，不可采信。原来袁廷梼所藏的明抄本，抄自《道藏》本。前后七年为了这部书，总共题跋12则，上下四周都是用红笔校勘，黑笔记下不同版本的异文，有时用黄笔，加上前人的红、黑两笔校订，好像火枣糕儿。

此书，除了是黄丕烈生前校勘最勤、校正最多的一部书外，我认为“黄跋”中蕴藏的友谊，特别值得珍视。试想在两百年前，书友之间的往来多不方便！虽然四人都住在苏州，可以时相往来，互借、互校、互助。但是留下的文字交往，却比我们今日在家里上网，使用脸书、或微博等，来得深厚的多了！

值得为他立传

我佩服黄丕烈一生虽非大富大贵之人，40 岁以后即了断仕途，从此全力以赴投入藏书之路。生前即已家道中落，散出藏书，但有生余年仍不忘搜书。道光四年（1824 年）为长孙美鎏，开设滂喜斋书籍铺，培植他成为其藏书、鉴书、读书、校书、刻书的继承人。没想到来年即去世，死后藏书散落各家。但称其“为书籍的一生”，不做第二人想。冀望有人从其题跋，完成一部有趣的传记。

书　荐

欲望之书

曾　园

《论诱惑》

（法）波德里亚 著　张新木 译

南京大学出版社　2011 年 2 月

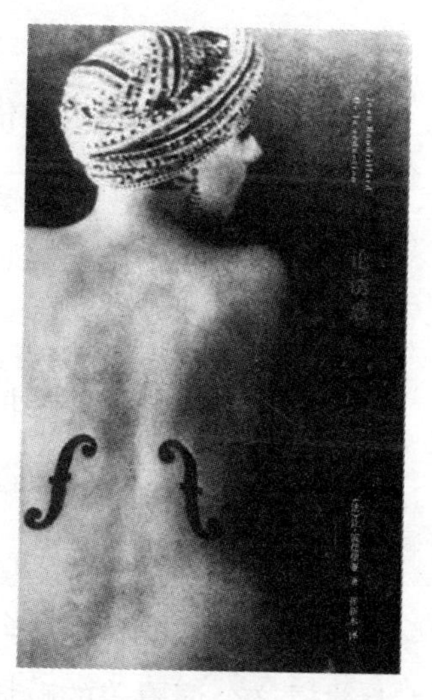

《论诱惑》是法国哲学家让·波德里亚 1979 年出版的著作。这是他在西方世界发明避孕药、“性解放”之后对性的再思考。他发表了“诱惑表现了对象征世界的控制，而权力只表现了对真实世界的控制”这样符合常识的警句，也拓展了常识的边界：“不再有不确定性，不再有秘密。这是正在开始的真正淫秽。”

波德里亚在我们的生活中一一指点那些我们认为与诱惑相关的事物，我们的失望与兴奋原来都是有道理的，这与性的“生产”原理息息相关。有人出于某种目的想要扩大诱惑的盈利能力，去一层层增加性的细节，但失败了。诱惑本身就是与复制相对的事物。

这位发明“拟像—拟真”的大师当然会提到帕索里尼的电影《索多玛的 120 天》。从对这部电影的分析中，他引用了弗洛伊德的话：只存在一种性欲，只存在一种力比多——男性力比多。波德里亚发展出来的理论更加清晰：男性是一种掌握性别垄断权的性别，而女性则是个祛魅的形式。我的理解是，女性对男性来讲，始终是一个过程，在此过程中性别存在，直至最后魅力消失，女性不存在。

也许有的读者会期待一种从女性出发的性别哲学，但遗憾的是人类至今只发展出这种可作如此解释的性别文化。

《斜目而视：透过通俗文化看拉康》

（斯洛伐克）齐泽克 著　季广茂 译

浙江大学出版社　2011 年 3 月

《斜目而视》是拉康的再传弟子齐泽克所著。这本书通过拉康的思想去解读希区柯克的电影。

说到希区柯克，那么我不能不扩大欲望这个词覆盖的畛域。从视觉经验讲，我们不仅常常渴望占有某个人的形象，也渴望抹去某个人的形象。就后者来说，杀掉那个人是彻底的解决方案。后者要么是干扰了我们的占有，要么是干扰了我们的视线。

在希区柯克的电影里，一个人死去，那么谁是凶手？谁有杀人的欲望？当然没有人会承认自己是凶手，所以实际情况是电影在分析每个人的欲望。

拉康一直强调，被压抑的东西总是要回来的，那么，谁的欲望被压抑？在《群鸟》这部电影中，无疑母亲是受到压抑的——此前她控制儿子，但儿子的女朋友完全不受控制。于是母亲成了受压抑者。漫天飞舞袭击人类的鸟从何而来？这凭空产生的鸟群意义何在？受压抑的母亲与鸟群是该片难以理解的地方。齐泽克指出，鸟对人类的袭击只能是对某种压抑与羞愤的回应。这种天才的想法如何证明呢？“有一个重要细节支持我们的解读。在电影即将结束时，米奇的母亲点头同意，‘认可’了梅兰尼的儿媳身份，抛弃了自己的超我角色。”

博尔赫斯说过，原因晚于结果。这正好说明了我们观看希区柯克电影时的情形：结果有了，原因在哪里？

《茶之书·“粹”的构造》

（日）冈仓天心 九鬼周造 著

江川澜 杨光 译

上海人民出版社　2011 年 8 月

《“粹”的构造》是海德格尔的学生、日本哲学家九鬼周造男爵的作品。他用一生的时间来思考“粹”，但

只写出了这本薄薄的小册子。“粹”很难给出解释，不过，“粹”与“庸俗”相对，表达“纤巧”或者“卓越”的趣味。“粹”的第一表征是对异性的媚态，第二表征是傲气，第三表征是达观。与“粹”相关的含义主要有“上品”、“华丽”、“涩味”。

当然，最能体现“粹”的大概是日本艺伎了。作为欲望对象的艺伎不仅仅在发式、服饰、体态上体现“粹”，还别有一种心境与态度。凯勒曼在《漫步日本》一书中写道：“她呈现的媚态中有一种从欧洲女性身上无法找到的妩媚。”

这种“粹”被九鬼周造提炼为一种可以衡量建筑、音乐水准的美学标准。

《茶之书·“粹”的构造》是这本合集的名字，作者分别为冈仓天心与九鬼周造。这本书里并没有讲两个作者的关系，但其实两人却是大有渊源。

1887 年，驻美大使九鬼隆一怀孕的妻子初子，由名叫冈仓天心的年轻艺术家护送回日本。船到日本，初子已经决意与天心生活，从此也就跟丈夫隆一分居。这一年九鬼隆一 37 岁，初子夫人 27 岁，画家天心 25 岁；而那在水上航行的神秘胎儿、未来的哲学家九鬼周造则还没有年龄。

《中华帝国晚期的欲望与小说叙述》

（美）黄卫总 著　张蕴爽 译

江苏人民出版社　2010 年 12 月

《中华帝国晚期的欲望与小说叙述》这本书，讲的是中国古典小说与欲望的关系。作者黄卫总是美国学者，他强调拉康的观点，欲望不是与对象的一种关系，而是与幻想的一种关系。西方欲望理论中的关键词“缺席”与“再现”同样适用于《牡丹亭》或者《红楼梦》。

中国思想史研究者刘殿爵提出过一个对我们来说相对陌生的观点：“欲望观念是大多数中国思想的核心。”黄卫总重新梳理了屠隆、汤显祖、李开先、袁宏道等人关于欲望的描述，让我们信服晚明文人对欲望的确有过长时间深入的思考，而这些思考与中国文化也息息相关。

黄卫总值得注意的发现是，中国传统小说的发展是与中华帝国晚期关于欲望的观点的变化紧密相联的。当然，关于欲望的论争为小说提供了启发，小说的写作也促进了某种欲望观点的形成。